知识产权系统工程

Intellectual Property System Engineering

李宇斌　贾英姿　李　倩　宫　炫　胡巍威　李　凯 ◎ 编著
Li Yubin　Jia Yingzi　Li Qian　Gong Xuan　Hu Weiwei　Li Kai

北京理工大学出版社
BEIJING INSTITUTE OF TECHNOLOGY PRESS

内 容 提 要

本书运用系统工程原理，构建了知识产权系统工程框架体系，即围绕实现知识产权标准（目标）体系，开展知识产权信息、知识产权法律、知识产权经济、知识产权技术、知识产权文化等五个方面工作，其构成了知识产权系统工程框架的组成部分，这也是知识产权管理工作的主要内容。做好这五个方面的工作，也就实现了知识产权工作的各项目标和要求，这也是实现知识产权创造、保护、运用、管理和服务的主要工作手段。本书同时对加强知识产权学科和人才建设、知识产权未来发展等方面进行了探讨。

版权专有　侵权必究

图书在版编目（CIP）数据

知识产权系统工程 / 李宇斌等编著. —北京：北京理工大学出版社，2020.10
ISBN 978-7-5682-9189-7

Ⅰ.①知… Ⅱ.①李… Ⅲ.①知识产权－系统工程 Ⅳ.①D913.4

中国版本图书馆CIP数据核字（2020）第210450号

出版发行 / 北京理工大学出版社有限责任公司
社　　址 / 北京市海淀区中关村南大街5号
邮　　编 / 100081
电　　话 / （010）68914775（总编室）
　　　　　（010）82562903（教材售后服务热线）
　　　　　（010）68948351（其他图书服务热线）
网　　址 / http://www.bitpress.com.cn
经　　销 / 全国各地新华书店
印　　刷 / 天津久佳雅创印刷有限公司
开　　本 / 787毫米×1092毫米　1/16
印　　张 / 11　　　　　　　　　　　　　　　　责任编辑 / 阎少华
字　　数 / 229千字　　　　　　　　　　　　　　文案编辑 / 阎少华
版　　次 / 2020年10月第1版　2020年10月第1次印刷　责任校对 / 周瑞红
定　　价 / 55.00元　　　　　　　　　　　　　　责任印制 / 边心超

图书出现印装质量问题，请拨打售后服务热线，本社负责调换

序 PREFACE

习近平总书记在党的十九大报告中指出,倡导创新文化,强化知识产权创造、保护、运用,这为推进知识产权事业发展提供了根本遵循。2015年10月,省委决定我任辽宁省知识产权局党组书记、副局长,告别了自己工作近17年的环境保护与生态建设岗位,从专业部门转岗到相对具有综合性的技术政策管理岗位,主要业务是围绕全省知识产权尤其是专利开展行政与技术管理工作。同时,我担任局党组书记,履行全面从严治党和党风廉政建设的主体责任与监督责任。虽然过去我曾分管过党建工作,但作为省直部门的党组书记这还是第一次,并且省知识产权局实行党政分设,机关行政首长为非中共党员(省民盟副主委)。在这样一个副厅级省政府直属机构如何履行好党组书记的职责,又能与行政首长无缝沟通、密切合作,和谐合力做好全局的各项工作,这是一个从未遇见过的挑战。我决心把这次工作岗位调动作为应对复杂局面、提升全局把控能力的一次考验,作为自己职业生涯难忘的经历,问心无愧地做好相应的工作。同时把这个岗位当作个人品德、个人领导能力的一个试金石。

知识产权的业务范围涵盖专利、商标、著作权、植物新品种、地理标志产品等各个经济产业部门和进出口业务部门。其已经成为继环境保护之后国际国内政治、经济、技术、贸易、法律有关的热点话题。同时,由知识产权行政主管部门掌握的成千上万个有关专利等信息构成了一个庞大的大数据系统,如何发挥这一大数据系统在国民经济发展中的作用,已经成为各级知识产权行政主管部门及各级党政领导必须面对的主要问题之一。尤其是如何发挥知识产权在创新驱动发展战略中的支撑和引领作用,实施知识产权强国强省建设,这是摆在当前的重要任务。

不仅如此,知识产权涉及经济、技术、法律、贸易等综合性管理业务,需要站在系统工程思维的角度研究知识产权的作用问题。通过实际调研和理性思考,注重现实应用,从全面从严治党,加强班子建设,打造一支知识产权队伍出发,围绕知识产权强省建设,发挥知识产权作用,运用系统工程方法,构建知识产权系统工程框架体系，系统推进知识产权各项工作。通过建立知识产权标准体系，确立工作总目标，利用知识产权信息、法律、经济、技术和文化等综合手段，实现知识产权各项工作目标。在这一过程中，始终把解决科技创新实际问题作为知识产权工作的出发点和落脚点。注重创新发展实际需要，围绕实体经济结构性调整，大力实施知识产权（专利）导航、知识产权（专利）分析评议、知识产权（专利）运营平台建设、知识产权（专利）文化建设等措施，从宏观上把握知识产权重点工作和发展方向。

2018年7月，我担任辽宁省先进装备制造业基地建设工程中心副主任后，分管的部门涉及高档数控机床、机器人、先进轨道交通设备、新能源汽车、集成电路设备、成套装备及环境保护装备、农业机械装备等高端装备。随着工作的不断深入，我越来越觉得强化先进装备制造业知识产权工作更加紧迫，更加需求知识产权的引领和导航。

2019年11月，中共中央国务院印发《关于强化知识产权保护的意见》，这是继2015年国务院颁布新形势下加强知识产权强国建设若干意见后的最新、最高层次的有关知识产权工作的战略部署和顶层设计，是做好新时代知识产权工作的纲领性文件，是习近平新时代中国特色社会主义思想的重要组成部分。意见强调，加强知识产权保护，是完善知识产权保护制度最重要的内容，也是提高我国经济竞争力的最大激励。意见从七个方面分别论述了知识产权工作的定位、主要任务和重要部署，提出综合运用法律、行政、经济、技术、社会治理手段强化知识产权保护，同时也澄清了过去的一些模糊认识和争论，极大激发了全社会的知识产权意识，激励了知识产权系统广大干部群众的工作热情，为做好新时代知识产权保护工作指明了方向。如何贯彻落实好中办国办意见，是未来知识产权工作的重大任务，还需更大、更细致、更耐久地努力工作，重要的是运用系统工程思维方法，做好知识产权保护各个方面、各个过程的工作。结合贯彻党的十九届四中全会有关知识产权工作的决定，党中央国务院关于新时代知识产权工作大政方针已定，重在落实，坚持久久为功，善作善成。本书适合机关企事业及高校、研究等有关知识产权工作者、知识产权普及教育和实务培训与宣传工作者参考，也可作为高等院校教师、学生的知识产权入门教材，为深入开展知识产权研究和管理工作打下基础，为培养知识产权意识和对知识产权工作的研究兴趣和热心，培养大批知识产权人才提供参考。

著　者

2020年5月

目 录 Contents

第1章 知识产权概论 ... 1
1.1 知识产权重点工作 ... 1
1.2 知识产权人才培养 ... 10
1.3 增强社会主义道路自信、理论自信、制度自信和文化自信 ... 21

第2章 知识产权标准 ... 33
2.1 知识产权技术标准 ... 33
2.2 知识产权工作指南 ... 34
2.3 知识产权战略与规划指标 ... 35

第3章 知识产权信息 ... 40
3.1 知识产权管理信息 ... 40
3.2 知识产权业务管理信息 ... 41
3.3 知识产权运营信息 ... 45

第4章 知识产权法律 ... 55
4.1 知识产权综合法 ... 55
4.2 知识产权专门法 ... 58
4.3 国外知识产权法 ... 60

第5章 知识产权经济 ... 69
5.1 知识产权金融 ... 69
5.2 知识产权资本化 ... 80
5.3 知识产权技术合作 ... 81

第6章 知识产权创造技术 ... 84
6.1 萃智（TRIZ）创造方法 ... 84

6.2 知识产权创造核心与核心知识产权组合……………………… 85
6.3 知识产权申请技术与布局规划设计……………………………… 86

第 7 章 知识产权文化……………………………………………… 88
7.1 知识产权文化的核心……………………………………………… 89
7.2 知识产权文化传播的物质基础…………………………………… 90
7.3 知识产权文化交流、共享与互鉴………………………………… 90

第 8 章 知识产权发展……………………………………………… 92
8.1 改革成为迫切需求………………………………………………… 92
8.2 改革符合发展规律………………………………………………… 93
8.3 改革积聚实践经验………………………………………………… 94

附录 …………………………………………………………………… 98

参考文献 ……………………………………………………………… 165

后记 …………………………………………………………………… 167

第1章 知识产权概论

1.1 知识产权重点工作

1.1.1 知识产权管理

知识产权是产权的重要组成部分，对于知识的产生、传播、消费进而对经济的发展有着重要的决定性意义。任何一个知识产权保护体系都有两个主要经济指标：第一，通过建立、使用和出售新技术、新产品、新服务的排他性权利来促进在知识创造和商业发明上的投资；第二，通过鼓励知识产权拥有者将他们的发明和思想市场化，从而促进新知识的广泛传播。知识产权日益成为国家经济社会发展的重要战略资源和国际竞争力的核心要素，成为建设创新型国家的重要支撑和掌握发展主动权的关键。知识产权是科技创新的根本标志、核心所在，是连接科技创新与市场的纽带。知识产权是创新的源泉、国家战略资源，也是国际竞争的工具。

现在所说的知识产权核心是专利、商标、著作权。广泛意义上讲，其包括植物新品种、传统医药知识、商业秘密、原产地地理标志，甚至是标准等。

（1）专利：专利分为产品专利、方法专利。涉及发明专利、实用新型专利、外观设计专利三种。发明专利保护期为20年，实用新型和外观设计专利保护期分别为10年和15年。

发明专利：发明是一种在实践中运用自然法则能够解决技术领域的一个具体问题的技术方案。发明与发现的区别在于，一般发明包括发现的意义，而专利法中的发明不包括发现这层含义。发现是指人们对自然规律或本质的揭示，而发明则是指人们对已揭示的自然规律或本质的具体运用，是运用原理解决具体问题的技术方案。

实用新型：是指对产品形状、构造或者其结合所提出的适于实用的新的技术方案。

外观设计：是指对产品的形状、图案、色彩或者其结合所作出的富有美感并适合于工业应用的新设计。

不授予专利情形：科学发现、智力活动规则和方法、疾病诊断和治疗方法、动物和植物品种、用原子核变换方法获得的物质。动物植物新品种是自然生长和存在的，不是个人的创造物。但饲养方法、养殖栽培方法、可以人工培育的新品种可以申请动植物新品种保护。

(2)商标：包括名牌、品牌、驰名商标。商标保护期为10年，但可以续展。

(3)著作权及其邻接权：包括软件、代码和源代码，是设计思想、形式的表达，既可能表现在程序本身，又可能体现在文档中。著作权保护实行登记制。著作权保护期为有生之年加死亡后50年。

(4)原产地地理标志。

(5)集成电路布图设计(拓扑图)。

(6)未被披露信息(商业秘密)。

(7)工业品外观设计。

(8)植物新品种。

(9)标准。

(10)特定领域知识产权(遗传资源保护、开发和利用制度、传统知识保护、民间文艺保护等)。

2018年，在党和国家机构改革后，专利、商标、原产地地理标志、集成电路布图设计等由国家知识产权局管理，著作权等版权由国家新闻出版署(国家版权局)管理，植物新品种分别由林业、农业等部门管理，标准等由市场监督部门管理。还有世界知识产权组织(WIPO)，协调各国之间的知识产权事务。为与国际组织更好对接，国务院成立知识产权联席会议制度，由国务院领导任召集人，日常协调工作由国家知识产权局负责。

知识产权工作主要分为创造、运用、保护、管理和服务五个环节。党的十九大报告进一步强调指出，倡导创新文化，强化知识产权创造、保护运用。进一步指明了新时代加强知识产权保护工作的方向。

有关知识产权管理相应的法律法规和文件也为知识产权管理提供了基本遵循，如：

(1)专利法、商标法、著作权法等法律及其实施条例。

(2)《国家知识产权战略纲要》(2008—2020)。

(3)《知识产权综合管理改革试点总体方案》(2017年1月)。

(4)《"十三五"国家知识产权保护和运用规划》(2017年1月)。

(5)《辽宁省人民政府关于新形势下加快知识产权强省建设的实施意见》、《辽宁省知识产权战略行动计划》(2016—2020)、《辽宁省知识产权"十三五"规划》等。

(6)《知识产权分析评议工作指南》、知识产权管理规范等。

(7)国务院颁布的《新形势下加强知识产权强国建设的若干意见》(国发〔2015〕71号)。这是"十三五"期间乃至未来很长一段时间有关知识产权工作的重要文件。意见在充分总结过去工作的基础上，深入贯彻创新、协调、绿色、开放和共享五大发展理念，为广大知识产权工作者提供了大有作为的舞台。我们必须不负历史使命，敢于担当，把意见落到实处，为支撑创新驱动发展战略做出应有的贡献。

对该文件的解读可简单概括为一个目标、四项任务、四大原则、六大举措。

一个目标：到 2020 年，在知识产权关键环节改革上取得决定性成果，基本实现知识产权治理体系和治理能力现代化，知识产权大国地位得到全面巩固，为建成中国特色、世界水平的知识产权强国奠定坚实基础。

四项任务：第一，将知识产权授权确权和执法保护体系进一步完善，基本形成权界清晰、分工合理、权责一致、运行高效、法律保障的知识产权体制机制；第二，知识产权创造、运用、保护、管理和服务五大能力大幅提升；第三，创新创业环境进一步优化，支撑创新驱动发展战略，逐步形成产业参与国际竞争的知识产权新优势；第四，建设一批知识产权强省、强市。

四大原则：第一，战略引领。结合国家创新发展战略和"一带一路"倡议等，提升知识产权质量，实现从大向强、从多向优转变。第二，改革创新。强化分配制度的知识价值导向，充分发挥知识产权制度在激励创新、促进创新成果合理分享方面的关键作用。第三，市场主导。发挥市场配置创新资源的决定性作用，促进创新要素合理流动和高效配置，加强知识产权政策支持、公共服务和市场监管，着力构建公平公正、开放透明的知识产权法制环境和市场环境。第四，统筹兼顾。统筹国际国内创新资源，培育我国知识产权优势。加强全球开放创新协作，积极参与、推动知识产权国际规则的制定和完善。为市场主体参与国际竞争创造有利条件，实现优进优出和互利共赢。

六大举措：第一，推进知识产权体制机制改革。

①研究完善知识产权管理体制。知识产权实施部级联席会议由国务院领导同志任召集人，鼓励地方开展知识产权综合管理试点。

②改善知识产权服务业及社会组织管理，放宽知识产权服务业准入，开展知识产权服务业行业协会一业多会试点。

③建立重大经济活动知识产权评议制度，提高创新效率，降低产业发展风险。

④建立以知识产权为重要内容的创新驱动发展评价制度。将知识产权产品纳入国民经济核算，知识产权指标纳入国民经济和社会发展规划，发布年度知识产权发展状况报告。在党政领导班子和领导干部综合评价、国企考评中，注重知识产权方面的成效。设置知识产权奖励项目，加大各类国家奖励制度的知识产权评价权重。

第二，实行严格的知识产权保护。

①加大知识产权侵权行为惩治力度。完善知识产权快速维权机制，加强知识产权司法保护对外合作，推动我国成为知识产权国际纠纷的重要解决地。

②加大知识产权犯罪打击力度。

③建立健全知识产权保护预警防范机制，加大对小微企业知识产权保护援助力度。

④加强新业态、新领域创新成果的知识产权保护。完善植物新品种、生物遗传资源及其相关传统知识、数据库保护和国际知识产权相关法律制度。制定众创、众包、众扶、众筹的知识产权保护政策。

第三，促进知识产权创造运用。

①完善知识产权审查和注册机制。建立计算机软件著作权快速登记通道。完善知识产权审查协作机制。拓展专利审查高速路国际合作网络，加快建设世界一流专利审查机构。

②完善职务发明制度。探索完善创新成果收益分配制度，提高骨干团队、主要发明人收益比重，保障职务发明人的合法权益。

③推动专利许可制度改革，强化专利以许可方式对外扩散。研究专利当然许可制度，鼓励更多专利权人对社会公开许可权利。

④加强知识产权交易平台建设，加快建设全国知识产权运营公共服务平台。创新知识产权投融资产品、探索知识产权证券化。完善知识产权信用担保机制。推动企业科学核算和管理知识产权资产，促进"互联网＋知识产权"融合发展。

⑤培育知识产权密集型产业，加大政府采购对知识产权密集型产品的支持力度，试点建设知识产权密集型产业集聚区和知识产权密集型产业产品示范基地。

⑥提升知识产权附加值和国际影响力。加强对非物质文化遗产、民间文艺、传统知识的开发利用，推进文化创意、设计服务与相关产业融合发展，推动有知识产权产品的创新技术转化为标准。支持建立品牌管理体系、建立品牌价值评价体系和品牌评价国际标准，保护和传承中华老字号。

⑦加强知识产权信息开放利用，推进专利数据信息资源开放共享，增强大数据运用能力，建立知识产权信息披露制度。实现专利、商标、版权、集成电路布图设计、植物新品种、地理标志等基础信息免费或低成本开放。

第四，加强重点产业知识产权海外布局和风险防控。

①加强重点产业知识产权海外布局规划，加大创新成果标准化和专利化工作力度，建立专利导航产业发展工作机制。实施专利导航项目。推动我国产业深度融入全球产业链、价值链和创新链。

②拓展海外知识产权布局渠道。

③完善海外知识产权风险预警体系、建立健全知识产权管理与服务等标准体系。

④提升海外知识产权风险防控能力。针对人才引进、国际参展、产品和技术进出口等活动开展知识产权风险评估，提高应对知识产权国际纠纷能力。

⑤加强海外知识产权维权援助。研究我国驻国际组织、主要国家和地区外交机构中涉及知识产权事务的人力配备。推动形成海外知识产权服务网络。

第五，提升知识产权海外合作水平。

①推动构建更加公平合理的国际知识产权规则。推动《TRIPS协定与公共健康多哈宣言》落实和《试听表演北京条约》生效，参与《专利合作条约PCT》《保护广播组织条约》《生物多样性公约》等国际规则修订谈判。抓紧加入《工业品外观设计国际注册海牙协定》和《马拉喀什条约》进程。

②加强知识产权对外合作机制建设，加强与世界知识产权组织、世界贸易组织及相关国际组织的合作交流，推动相关国际组织在我国设立知识产权调解分中心。促进地理标志

产品国际化发展。推动亚太经济合作组织、"一带一路"沿线国家和地区框架下的知识产权合作。

③加大对发展中国家知识产权援助力度。鼓励向最不发达国家优惠许可其发展急需的专利技术，加强面向发展中国家的知识产权学历教育和短期培训，支持和援助发展中国家知识产权能力建设。

④拓宽知识产权公共外交渠道。建立博鳌亚洲论坛知识产权研讨交流机制，积极开展具有国际影响力的知识产权研讨交流活动。

第六，加强组织实施和政策保障。

①加强组织领导。

②加大财税和金融支持力度。引导和促进科技成果产权化、知识产权产业化。研究开发费用税前加计扣除政策。开展知识产权质押融资风险补偿基金和重点产业知识产权运营基金试点。

③加强知识产权专业人才队伍建设，在管理学和经济学中增设知识产权专业，加强知识产权专业学位教育，进一步完善知识产权职业水平评价制度。

④加强宣传引导，加强知识产权文化建设，广泛开展知识产权普及型教育，使尊重知识、崇尚创新、诚信守法的理念深入人心。

(8)《中共中央国务院关于强化知识产权保护的意见》(2019年11月)。意见分总体要求；强化制度约束，确保知识产权严保护政策导向；加强社会监督共治，构建知识产权"大保护"工作格局；优化协作衔接机制，突破知识产权快保护关键环节；健全涉外沟通机制，塑造知识产权同保护优越环境；加强基础条件建设，有力支撑知识产权保护工作；加大组织实施力度，确保工作任务落实等七个方面要求，共23条。强调加强知识产权保护是完善产权保护制度最重要的内容，也是提高我国经济竞争力的最大激励。牢固树立保护知识产权就是保护创新的理念，坚持严格保护，统筹协调，重点突破，同等保护，不断完善知识产权保护体系，综合运用法律、行政、经济、技术、社会治理手段强化保护，促进保护能力和水平整体提升。尊重知识价值的营商环境更加优化，使知识产权制度激励创新的基本保障作用更加有效发挥。研究制定知识产权基础性法律的必要性和可行性，加快专利法、商标法、著作权法等修改完善，完善地理标志保护相关立法，加快在专利、著作权等领域引入侵权惩罚性赔偿制度。完善新业态新领域保护制度，研究加强专利、商标、著作权、植物新品种和集成电路布图设计等方面的保护，探索建立药品专利链接制度、药品专利期限补偿制度。研究加强体育赛事转播知识产权保护，构建知识产权大保护格局，优化协作衔接机制，突破知识产权快保护关键环节等相关知识产权工作的具体要求和目标。

此外，国家"十三五"规划也同样把知识产权摆在未来经济社会发展中更加突出的位置，并强调指出，加强技术和知识产权交易平台建设，建立从实验研究、中试到生产全过程科技创新模式，促进科技成果的资本化、产业化，深化知识产权领域改革，加强知识产权保护。这是一个大有作为的契机，应该主动自觉加深对知识产权工作重要性的认识，知识产权是创新的原动力所在，是科技成果向现实生产力转化、创新和市场之间的桥梁和纽带，保护知识产权就是保护创新，用好知识产权就能激励创新。要进一步深化专利首先是国家战略资源、是国际竞争工具的认识，不管科技如何发展，聚焦产业、服务企业都是必须遵守的原则。

党中央把创新发展作为第一发展理念摆在国家"十三五"规划和今后一个时期经济社会发展更加突出的位置，把创新摆在国家发展全局的核心位置。知识产权是创新的源泉，是科技创新的核心所在，是大众创业、万众创新的支撑者和引领者，知识产权事业是朝阳产业，是光辉的事业。应主动把知识产权融入全省经济社会发展中去，大力推进知识产权强省建设，支撑全省创新驱动发展，完成好知识产权"十三五"规划的各项任务，用"三严三实"的作风，扎实做好知识产权创造、运用、保护、管理和服务五个环节重点工作，使《辽宁省深入实施知识产权战略行动计划(2015—2020年)》的各项任务得到有效落实。必须站在全省经济社会发展、全国知识产权发展的格局上，审视谋划我们的工作。

1.1.2 知识产权运用

世界知识产权组织对知识产权作用有过经典的阐述，即通过专利信息利用或者通过专利导航技术，可以节省科研时间、节省科研经费一半以上。知识产权运用的核心是对专利信息的充分利用。

专利信息集技术、法律、经济信息为一体。专利文献的社会作用是：从专利制度角度看，专利文献是传播发明创造、促进科技进步；从专利权人角度看，专利文献是警示竞争对手，保护自主创新的知识产权；从竞争对手角度看，专利文献是了解行业发展信息，借鉴权利信息，防止侵权纠纷；从企业研发创新角度看，专利文献是提供技术参考，启迪创新思路。专利信息在研发全过程中的主要作用是：研发前针对专利文献进行技术现状的梳理、查新及开题报告；研发过程中进行技术路线跟踪；研发成果出来后规划专利申请策略；技术产业化前的侵权风险评价。

(1)专利导航。其核心是专利信息利用，是实施创新驱动发展战略、加强知识产权运用、深化知识产权工作的重要举措和关键抓手。做好这项工作，首先要处理好一个关系，即政府和市场的关系。市场起决定性作用，政府建体系、搭平台、推标准、做服务；实现高端和完备两个要求，即只有专业化水平高的服务，才能培育优质专利，优化专利组合，实现专利价值最大化，只有建立完备的服务链条，才能打通从发明创造创意产生到专利转移转化的各个环节，实现专利的交易流转，促进专利运用。

国家知识产权专利导航试点工程主要开展国家专利导航产业发展试验区、国家专利协同运用试点、国家专利运营试点等工作。

试点工程是以专利信息资源利用和专利分析为基础，把专利运用嵌入产业技术创新、产品创新、组织创新和商业模式创新，引导和支撑产业科学发展的探索性工作。主要目的是探索建立专利信息分析与产业运行决策深度融合、专利创造与产品创新能力高度匹配、专利布局对产业竞争地位保障有力、专利价值实现对产业运行效益支撑有效的工作机制，推动重点产业的专利协同运用，培育形成专利导航产业发展新模式。它是专利制度在产业运行中的综合作用，也是专利战略在产业发展中的具体实施，更是知识产权战略支撑创新驱动发展战略的具体体现。

试点工程可以发挥专利信息资源对产业运行决策的引导力，突出产业发展科学规划新优势；可以发挥专利制度对产业创新资源的配置力，形成产业创新体系新优势；可以发挥专利保护对产业竞争市场的控制力，培育产业竞争力发展新优势；可以发挥专利集成运用对产业运行效益的支撑力，实现产业价值增长新优势；可以发挥专利资源在产业发展格局中的影响力，打造产业地位新优势。

我国每年专利发明的申请量在100万件以上、专利拥有量在100万件以上，巨大的创新资源迫切地需要进行有效开发和利用。

(2)专利运营。其本质归根结底是一个商业概念，即对专利权法律资源及其技术资源的综合运用，通过技术贸易、商业谈判乃至于法律诉讼等路径，在相应科技领域及其商业市场上谋取竞争优势及商业利益的系列活动。一是专利的自我技术实施，即在自身范围内实现创新成果产业化。二是专利的技术转移交易，包括专利权的整体转让或者不同形式的许可。三是专利权的投资（包括入股）及其上市运作。四是专利权的融资（包括质押融资）及其资本经营运作。五是专利及专利技术的非专利实施主体（NPE）等职业化或专业化运作。六是以专利或者知识产权类专门基金（包括专利运营基金）等方式控制、操纵相关专利交易、专利诉讼的运作。七是综合运用诉讼手段及其配套措施的专利诉讼运作等。

美国平均专利价格为20万～30万美元/件，而中国专利平均价格为2万元/件，相差极大。在这方面，国内需要开展大量的工作，任重而道远。

(3)专利分析评议。知识产权分析评议是指综合运用情报分析手段，对经济科技活动所涉及的知识产权，尤其是与技术相关的专利等知识产权的竞争态势进行综合分析，对活动中的知识产权风险、知识产权资产的品质价值及处置方式的合理性、技术创新的可行性等进行评估、评价、核查与论证，根据问题提出对策建议，为政府和企事业单位开展经济科技活动提供咨询参考。《知识产权分析评议工作指南》具体阐述了在知识产权分析评议中所采取的原则、方法和标准等，尤其在技术引进、合作、专利包的分析中，在对外合作谈判中，有着重要的经济技术意义。

1.1.3　知识产权工作发展

知识产权是朝阳产业。2015年中华人民共和国职业分类大典，设有8个大类、75个中类、434个小类、1 481个职业。在经济与金融专业人员中类下，增加知识产权专业人员小类，下设专利代理专业人员、专利审查专业人员、专利管理专业人员、专利分析专业人员4个相关职业。这为知识产权领域人才队伍建设起到基础性作用。

当前，面对新形势下加强知识产权强国强省建设的繁重任务，加强知识产权业务自身能力建设尤为迫切，主要是在机构、人员、设备等方面，涉及知识产权行政管理、执法保护和技术支持体系建设等。目前，无论从省级还是市级行政管理机构现状看，都非常弱，不适应创新发展的需要。机构不独立、行政级别低、编制少等。技术支持单位力量更加薄弱，没有一个成建制的具有一定实力的研究与咨询机构。现有相关人员基本上分散在学校、代理机构、事务所等部门，呈碎片化，没有形成系统完备的从理论到管理、实务等人才队伍体系，支撑不了知识产权事业的发展。

目前还没有一部知识产权综合法律。当前知识产权面临的形势和机遇与20年前的环境保护一样，充满机遇和挑战，到了有为才有位的阶段。建议在顶层设计上谋划知识产权大保护格局。首先应制定一部知识产权保护法，统领知识产权保护工作，使有关部门在自己的职责内做好相应的知识产权保护工作。参考环境保护法律体系构建，建议的知识产权法律建设如图1-1所示。

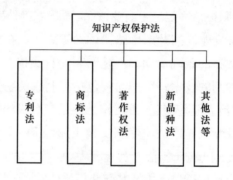

图1-1　建议的知识产权法律建设

即在知识产权保护法的综合法律之下，再分别对现行的专利、商标、版权、植物新品种、集成电路布图设计等相关知识产权单行法律法规进行相应的修改制定等。比如，专利代理等有关规定，应该适时取消，释放社会创新能量。应对相应的有关刑法条文做出修改或解释，进一步加大对侵犯知识产权违法行为的处罚力度。图1-2是目前的环境保护法体系，仅供研究参考。

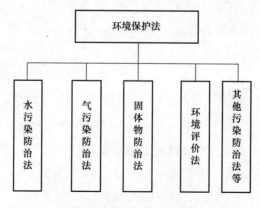

图1-2　目前的环境法保护体系

要运用系统工程思维做好知识产权工作。我们总说知识产权与经济社会发展融合不够，确实是这样，在辽宁省工业结构中，石化、冶金、建材、轻工纺织、装备制造、医药、电子信息等门类，都面临结构调整与产业升级的繁重任务，专利本应在技术支持方面提供直接的技术服务，如专利导航、专利分析评议等。但现实是我们还远离主战场。我们必须从工作方式上做出根本转变，核心是运用系统工程思维的观点去谋划知识产权工作。

所谓的系统工程，就是采用信息、法律、经济、技术、文化等手段实现预定的目标或标准。以此可基本构建知识产权系统工程框架体系，如图1-3所示。

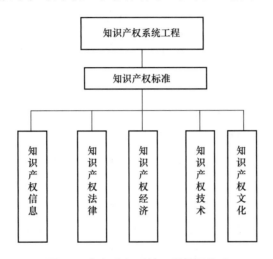

图 1-3　知识产权系统工程框架体系

简单地讲，知识产权系统工程就是运用知识产权信息、知识产权法律、知识产权经济、知识产权技术、知识产权文化等手段，实现知识产权标准和目标。在知识产权管理上，主要围绕创造、运用、保护、管理和服务开展工作。当然每项工作都要运用系统工程思维方法解决问题，如图1-4所示。

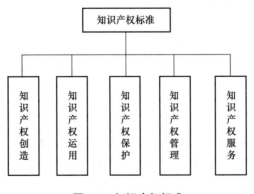

图 1-4　知识产权标准

知识产权标准主要涉及创造、运用、保护、管理和服务等方面的标准规范等。

知识产权创造主要涉及专利信息检索、专利分析评议、专利导航等,以及技术创新方法,如头脑风暴、创造发明学、萃智(TRIZ)等。

知识产权运用主要涉及专利价值评估、合作资本等,以及专利交易运营平台建设等。

知识产权保护主要涉及专利自我保护不被侵权等,不侵害别人拥有的专利技术核心等,以及以产业链、技术链为主的专利布局等。

1.2　知识产权人才培养

1.2.1　加强知识产权学科建设

当前,正值辽宁全省深入学习贯彻习近平总书记对辽宁老工业基地重要指示批示讲话精神,全面落实"四个着力"和"三个推进""六项重点"工作要求的关键时期,要大力推进供给侧结构性改革、大力推进国有企业改革、大力推进干部作风转变。结合贯彻落实党的十九届四中全会精神,深入实施知识产权强省战略,支撑全省创新驱动发展。知识产权在全省经济社会发展中的引领作用日益凸显,知识产权是创新的原动力所在,人才是创新的第一资源,抓好各类知识产权人才培养就是为知识产权强国强省建设提供了不竭的资源。大连理工大学作为国家知识产权培训基地、国家知识产权战略实施研究基地、辽宁省知识产权国际交流与合作基地,又新设立了知识产权学院等平台,有其得天独厚的软硬件条件和优秀的知识产权师资队伍。多年来,在国家知识产权局的领导下,基地和知识产权学院为支撑辽宁创新驱动发展提供了不可或缺的智力支持,辽宁省知识产权局将一如既往地支持三个基地及知识产权学院的发展壮大,并不断发挥其在辽宁境内的影响力和辐射能力,借力推动辽宁全省知识产权人才培养,促进知识产权强省建设深入开展,为辽宁省扎实推进新一轮振兴和全面全方位振兴发挥更大的作用。

在大连理工大学,专门就知识产权人才培养进行了研讨。研讨会集中了目前全国高校系统的精英,也代表了国家知识产权人才培养的发展方向和水平。相信这为全国知识产权人才培养提供了最高层次的交流平台,各位老师的真知灼见必定推动知识产权人才培养和知识产权学科的发展。

在会议群里,我认真研读了华南理工大学王岩老师的文章,对文章内的很多观点非常赞同。在这里,我愿从知识产权行政管理角度对人才培养提一点不成熟的意见。国家知识产权局申局长说过,不管科技如何发展,聚焦产业、服务企业都是必须遵守的原则。我们要主动把知识产权融入经济社会发展中去,大力推进知识产权强国强省建设,支撑创新驱动发展,努力实现知识产权"十三五"规划目标,扎实做好知识产权创造、运用、保护、管理和服务五项重点工作。知识产权人才培养应该围绕三项重点工作展开。第一,应该围绕专利信息技术的开发利用,大力开展知识产权创造技术、知识产权分析评议、专利导航等与实体经济密切接触方面的人才培养工作，如苏联国防专利局局长阿奇舒勒编著的 TRIZ《萃智》，在分析了 5 万多件专利的基础上，总结了专利或者说技术创新方法，还有头脑风暴法等有关技术发明等方法学的研究与应用。第二，应该围绕建立知识产权大保护格局的设想，大力加快知识产权法律法规研究人才培养，特别是对有关知识产权综合管理方面的法律法规研究，现在迫切需要一部综合性知识产权法律，适应和保障知识产权事业国内国际发展的客观需要，推动知识产权强国强省建设向更高层次迈进。第三，更加重视知识产权与市场经济的结合，彰显知识产权在产权保护中突出地位，特别是有关知识产权金融方面的知识产权价值评估技术、方法与标准等现实问题的实证研究，实现知识产权的市场价值，让知识产权这种高级的产权形式在市场中得到广泛的认可和拥有。

毫无疑问，知识产权工作是一项系统工程，仅依赖于法学是不够的，经济学、哲学、工学、管理学等都是不可忽视的发展基础。正如环境科学与工程学科发展一样，它是集成工业除尘、给水排水、化工等工学、经济学、哲学等学科逐步发展起来的。集成创新是不可忽视的手段，必须运用创新思维和系统工程思维，解决知识产权学科建设问题，最重要的是实现高起点的跨学科之上的技术集成。

让我们共同努力，团结一致向前看，在不断加强知识产权人才培养和输送的过程中，进一步夯实知识产权学科建设基础，建立起与国家经济社会发展相适应的知识产权人才培养体系，为实施创新驱动发展战略，加快知识产权强国强省建设提供人才支撑！

1.2.2 加强人才选拔

经过党组集体研究，根据工作需要，结合辽宁省知识产权局处级干部情况和实际干部指数，决定启动处级干部选拔任用工作。

第一，处级干部选拔任用工作必须按照党政领导干部选拔任用工作条例和省委有关要求开展。

严格按规定的程序开展工作，做到公开、公平、公正。

严格把握标准，把德才兼备、群众公认的好干部选拔到领导岗位。

严格选拔工作纪律，杜绝一切违反规定的行为。严格纪律，不准拉票、打招呼、搞非组织活动。大家在一起工作多年，相互之间都有很好的了解，局党组对每个人的性格、业务能力、思想素质也是了解的，都会对每个人给出基本正确的判断，都会对每个人的切身利益和诉求给予充分的考虑和安排，个人向组织正常表达心里想法是正常的，在下面搞拉票、串联、宴请等非组织活动则属违反党纪的问题，这一点大家必须保持清醒的头脑，不越雷池一步，以免引起大家和组织对你的不必要怀疑，对此，发现一例处理一例，是当事人的立即取消资格，其他人则记录在案。

第二，担任处级领导干部的条件。

除条例规定的任职年限学历等基本资格条件外，还应具备以下六项要求：

(1)具有履行职责所需要的马克思列宁主义、毛泽东思想、邓小平理论的水平，认真实践"三个代表"重要思想,带头贯彻落实科学发展观,认真学习习近平新时代中国特点社会主义思想,贯彻落实党的十九大,十九届二中、三中、四中全会精神,努力用马克思主义的立场、观点、方法分析和解决实际问题,坚持讲学习、讲政治、讲正气,经得起各种风浪的考验,讲诚信、懂规矩、守纪律,牢固树立政治意识、大局意识、核心意识、看齐意识。

(2)具有共产主义远大理想和中国特色社会主义坚定信念,坚决执行党的基本路线和各项方针、政策,立志改革开放,献身现代化事业,在社会主义建设中艰苦创业,树立正确政绩观,践行"三严三实"要求,对党忠诚、个人干净、勇于担当,努力为辽宁老工业基地新一轮振兴埋头苦干,做出经得起实践、人民、历史检验的业绩。

(3)坚持解放思想,实事求是,与时俱进,开拓创新,认真调查研究,能够将党的方针、政策与本地区、本部门的实际情况相结合,卓有成效地开展工作,讲实话,办实事,求实效,反对形式主义,紧密结合辽宁省发展的实际情况,深入推动知识产权强省建设战略,支撑创新驱动发展。

(4)有强烈的革命事业心和政治责任感,有胜任领导工作的组织能力、文化水平和专业知识,把握五大理念,实践四个着力要求,工作态度端正,积极负责,不断提高自身的业务素质和思想素质。

(5)正确行使人民赋予的权力,坚持原则,依法办事,清正廉洁,勤政为民,以身作则,艰苦朴素,密切联系群众,坚持党的群众路线,自觉地接受党和群众的批评和监督,加强道德修养,讲党性、重品行、作表率,做到自重、自省、自警、自励,反对官僚主义,反对任何滥用职权、谋求私利的不正之风,践行"八个自觉、八个带头"要求。

(6)坚持和维护党的民主集中制,有民主作风,有全局观念,善于团结同志,包括团结同自己有不同意见的同志一道工作。不搞小圈子,始终把规矩放在前面,以身作则,以工作和事业为重,光明磊落,心诚坦白,与同志真心交往,关心集体,维护单位的和谐局面和对外的良好形象。

第三,关于这次处级干部选拔任用的具体问题:

(1)大家要辩证地看待这次处级干部选拔任用工作。一方面这是省局政治生活中的大事,县处级干部在我国是一个重要的岗位单位,一般的法律都会明确指出县处级行政主管部门行使相应的权利等,如历史上县太爷等,它起到承上启下的作用,对省直机关来说尤为重要。另一方面,处级干部在省直部门相对容易晋升,一般情况下都能得到实时晋升,有时还存在指数等人的想象。大家要以平静客观的心态对待个人职务的晋升,总体讲,我们是指数等人,可能有些指数与我们现有人员的资历及个人的意愿不匹配。

(2)干部选拔任用除上述的政治条件和资格条件外,还有干部本身安排使用的技术性。这里主要是在同等条件下优先安排资历老的同志、一个指数的安排尽量多人受益、一个指数安排相比较尽量对干部本人效益最大等,有一个前期提拔快了、后期慢一点,前期提拔慢了、后期可以快一点等具体细节上、技术上的问题,但是不能倚老卖老,甚至耽误工作,对工作造成损失，或者工作不积极进取、不负责任、不思进取，轻松随意地占用干部指数。

(3)关于党组决策问题。辽宁省知识产权局是党政分设，局长李长春同志为民盟辽宁省副主委，省政协常委，非中共，非党组成员。但作为局长，行政机关的首长，在正常情况下，对干部的提拔可以说有一票否决权，凡是拟上党组会研究的干部人选，局长党组书记必须事先取得一致，否则不急于上党组会。这不仅是保证省局班子团结一致的问题，也是贯彻中央统战条例、党组条例的重大政治问题，还是对领导干部个人政治思想素质的重大考验，对局长党组书记、对大家也是一个如何适应、把握这种相对复杂局面能力的考验。我们俩在省委组织部谈话时刚认识，就此达成一致，把工作的无缝配合作为个人职业生涯的一次重要考验、重要经历和重要机遇，以此锻炼、提高和升华应对复杂局面、驾驭全局的能力。

1.2.3　与时俱进，学以致用①

学习是人生的终身职业，也是一种生活方式。所以，每个人都要学习、学习、再学习，实践、实践、再实践。

1. 重视参加工作后的学习

对参加工作后的学习，主要区别于在校生的学历教育，更注重的是与实际工作相关的能力学习。习总书记讲，打铁还需自身硬，硬在理想信念，硬在执政能力。我们的事业越前进、越发展，新情况、新问题就会越多，面临的风险和挑战就会越多，面对的不可预料的事情就会越多。我们必须增强忧患意识，做到居安思危，懂就是懂，不懂就是不懂，懂了的就努力创造条件去做，不懂的就要抓紧学习研究弄懂，来不得半点含糊。全党同志特别是各级领导干部都要有加强学习的紧迫感。我们的学习应该是全面的、系统的、富有探索精神的，既要抓住学习重点也要注意拓展学习领域，既要向书本学习也要向实践学习，既要向人民群众学习、向专家学者学习，也要向国外有益经验学习。好学才能上进，我们的干部要上进，我们的党要上进，我们的国家要上进，我们的民族要上进，就必须大兴学习之风，坚持学习、学习、再学习，实践、实践、再实践。古今中外的历史都证明，事有所成，必是学有所成。每一位领导干部都要把学习作为生活习惯、精神追求，作为安身立命、履责尽责的内在需要，坚持学习"没有终点，只有起点""没有毕业，只有毕生"的理念，做终身学习的干部。中国共产党依靠学习走到今天，也必然依靠学习走向未来。

要转变作风，真抓实干，就必须学习业务。我们经常讲有的干部作风漂浮，有的干部抓工作抓不到重点，实际上就是不会业务，不懂政策，更不懂工作本身是什么。这样的干部怎么能抓好工作？怎么能转变作风真抓实干？这种状况不能再继续下去了，出路就在于下决心学习。以现在干部的基础知识、智商和情商，学习业务知识是没有问题的，关键是

---

①本节参考了中央编译局秘书长杨金海、海军大连舰艇学院王真等发表在2013年4月23日《辽宁日报》理论版的文章；民政部副部长顾朝曦发表在《光明日报》2013年5月27日13版的文章；国家宗教局局长王作安发表在《求是》2013年第9期上的文章等，特别是辽宁干部在线学习系统有关专家学者高见(www.lngbzx.gov.cn)，在此一并表示衷心感谢。

下决心去学、下苦功去学。

在学习中，我们要自觉地把思想认识从那些不合时宜的观念、做法和体制的束缚中解放出来，从对马克思主义的、错误的和教条式的理解中解放出来，从主观主义和形而上学的桎梏中解放出来。以我国改革开放和现代化建设的实际问题、以我们正在做的事情为中心，着眼于马克思主义理论的运用，着眼于对实际问题的理论思考，着眼于新的实践和新的发展。

我们要坚持正确的前进方向，但不可能也不必要去对遥远的未来作具体的设想和描绘，以往的经验教训充分说明，这样做很容易陷入不切实际的空想。

古人讲：

好仁不好学，其蔽也愚；好知不好学，其蔽也荡；

好信不好学，其蔽也贼；好直不好学，其蔽也绞；

好勇不好学，其蔽也乱；好刚不好学，其蔽也狂。

其主要意义在于：

爱好仁德却不喜欢学习，他的流弊是愚蠢；

爱好聪明却不喜欢学习，他的流弊是没有根基；

爱好诚实却不喜欢学习，他的流弊是抱守小信而败坏事情；

爱好直率却不喜欢学习，他的流弊是尖刻伤人；

爱好勇敢却不喜欢学习，他的流弊是导致混乱；

爱好刚强却不喜欢学习，他的流弊是狂妄自大。

所以有人说，胆子大不是不看客观条件、脱离实际的蛮干，蛮干必然导致瞎折腾。

2. 读些经典，终身受益

(1)经典者，经天纬地之典籍也。人类文明之所以能够绵延数千年而日益壮阔，重要原因之一是人类的精神支柱越来越坚固而华美，而精神支柱之基石便是各类经典。例如，儒家经典、道家经典、佛家经典、基督教经典、伊斯兰教经典等。尽管这些经典的具体形式不同，但都以不同的方式，从不同的侧面，揭示了人世间的道理，所以，能够流芳千古，与日同辉，以其永恒的魅力，吸引着一代又一代人的心灵，营造着每一个人的精神家园。正是因为经典有如此的伟力，它才不断被升华，乃至被神化，被授予神圣的地位。古今中外，我们人类所能想象的、所能够建造的最为金碧辉煌的建筑便是以这些经典为灵魂的"神殿"。人们对这些经典的信仰常常又发展到极致，以至于达到迷信的境界。说到读书，首先要读一些经典。作为中国人，应当多读中华传统文化方面的书籍，首先要读《论语》《孟子》等儒家经典，这是中华文化的精华，包含着中国人做人处世的大本大源，还要读道家的《道德经》、佛家的《心经》等，这些也是中国人安身立命不可或缺的智慧集成。当然，随着近现代人类生活的国际化、全球化，各民族的文化不断相互交融，国外的文化日益传播到国内来，这就需要学习外来的经典，包括外来宗教文化经典，如《圣经》《古兰经》等，也包括外来世俗文化经典，如古希腊柏拉图、亚里士多德的著作，以及西方文艺复兴时期、启蒙时期的著作。凡属经典，必然是经过历史检验的，也必然是众人认同的，其中必然包含着很多真理，这些真理也许会有很多隐喻乃至神秘的形式，但其本身是真实无虚的，且具有一定的普遍性。因此，读经典要长怀尊重乃至敬仰之心，因为当你在读经典时，你已经在与天道融汇，在与圣人交流，即使你不一定信仰某种宗教，也要对其经典心怀敬意，方能从中汲取智慧，丰富自身的精神世界。自由饱读经典，才能不断提升自己的人生境界。当然对任何经典都不要陷入迷信的境地，一定要掌握学习方法。特别是在今天，人们的生活节奏很快，专业不同，爱好各异，学习经典也应当有所选择，做到专一而博学。经典是历史的产物，以上提到的经典多数是数百年乃至上千年人类文明积淀而成的。在人类现代文明史上，马克思主义著作可以称得上经典。十多年前，马克思被西方世界评为千年最伟大的思想家和哲学家，表明其思想对现代人类影响最深。的确，马克思所创造的话语体系在当今世界是最大的，影响了几乎所有现代社会科学，乃至现代人类思想文化的各个方面。马克思主义的产生及其所推动的世界社会主义运动，打破了资本主义一统天下的世界格局，从根本上加速了人类社会的发展进程，这些都使得其他思想家难以望其项背。读马克思主义经典，贵在把握其优点和特点。马克思主义经典与以往各家各派经典均有相通之处，比如，都关心人类的命运，都主张扬善去恶，一句话，都有一定的人道精神。读马克思主义经典，贵在掌握其精神，首先是学习其中的科学道理，包括关于自然、社会和人类思维一般规律的哲学思想。贵在学以致用，学习经典，不能为学习而学习，搞形式主义，而要注重联系实际，解决我们当下面临的问题。马克思主义经典作品，不是算命先生，不可能为我们提供解决今天所有问题的答案。学习这些著作，主要是从中获得启发和灵感，更重要的是学习其中所蕴含的认识问题和解决问题的世界观与方法论。

(2) 在学习中提高历史思维能力。要认真学习党史、国史，知史爱党，知史爱国。"学者非必为仕，而仕者必为学。"研读党史国史不只是为了增加自身的知识含量，更重要的是在于提高自己的历史思维能力，使历史教科书发挥出从政指南的作用。历史思维是对历史的一种认识活动，包括历史过程、历史事件、历史人物、历史问题等，从政视野中的历史思维着重于对历史经验的反思和总结，是回顾过去而面向未来的一种战略性思维。历史思维能力是为政者的一种基本素质。为着领导，必须预见。要有遇见性，就要提高历史思维能力，善于总结历史、把握规律、开创未来。历史思维在本质上是一种理论思维，其目的在于揭示历史活动的本质，总结具有普遍意义的经验，以指导工作全局。因此，提高历史思维能力，本质上就是提高理论思维的能力。领导干部在长期实践中积累了比较丰富的经验，但如果这种阅历缺乏理性的思考和提炼，往往就是一种感性认识范围，且容易陷入狭隘的经验主义的窠臼。因此，领导干部应当多一些理性思维，多一些对党史、国史甚至于包括自己从政经历在内的历史过程的反思和总结，由此不断提高历史思维和理论思维的能力。学习党史、国史有益于提高历史思维能力，就在于能够从中获得带有规律性的启示，能够从中深化对总结经验的认识。要注重对历史经验的总结和运用，历史经验的价值在于它的借鉴性、指导性，总结并运用好这方面的经验才能发挥其价值功能。把握"问题牵引"

的基本思路，应当注重历史经验与现实问题"对接"，看看现实中有哪些问题可以在总结历史中得到启发，又有哪些历史经验对处理现实问题仍然管用，由"对接"来促进历史思维能力的提高。抵制历史领域错误思潮的影响。历史虚无主义是一个时期以来在我国泛起的一股否定社会主义的思潮，它宣扬"告别革命""重写近代史和现代史"等错误言论，影响极其恶劣，其要害是否定中国共产党的领导，否定中国特色社会主义道路。

(3)自觉运用现代工具，增加知识。目前，除传统的书籍、报纸、课堂与现场教学方式外，现代远程教育体系、各种微信平台、网络终端、干部在线学习系统等新媒体迅速发展，客观上为干部天天学习、随时学习提供了方便、快捷、生动的学习环境，广大干部可利用的免费或者低成本学习手段，应有尽有，琳琅满目，它们是名副其实的学习超市。听、说、读、写、影像等交互式学习平台，为广大干部提供了丰富的海量知识，无所不包。今天若哪个干部说没有时间学习、没有条件学习，则一定被称为笑谈。干部学习一是在保持读传统、读经典、利用传统媒体的学习方式外，要主动把利用现代媒体快速学习作为首要学习手段，始终使自己处于知识与信息的前沿，在思想上、理论上与时俱进、引领未来。要把各级部门的门户网站作为学习的第一课堂、第一课程，及时了解掌握国家大政方针、相关政策和业务知识。二是主动加入主流媒体微信平台、共产党员微信、知识产权微信等公共信息平台，及时、全面地掌握行业相关知识和信息。三是充分利用各级党校远程教育平台，如辽宁干部在线培训系统等，就某一专业或要求的专题开展针对性学习。四是切实注意总结提炼，增强学习效果和知识积淀。电子化系统确实方便学习，但由于不是纸质，有时更容易一带而过。要坚持记笔记、不停地进行归纳整理。这样既可以及时掌握最新知识，又有时间进行消化理解、加深印象，便于后期指导工作并提高对现实问题的理论思维水平。总之，网络等现代新媒体为我们学习提供了前所未有的空间和时间选择。终身学习已经完全取决于个人自觉的问题，而不是客观条件的问题。

此外，还要充分利用各种论坛、学术会议、展览等学习积累相关知识和信息，及时捕捉各种有价值的学习交流机遇和平台。

当前，最重要的是要把各级党校、行政学院和辽宁干部在线学习作为重要的学习手段，形成干部学习培训系统工程的主要阵地，充分发挥其主渠道作用，创造各级干部终身学习的开放平台，不断引领干部学习培训向深度和广度发展。

3. 结合实际，学以致用

(1)对领导干部来说，学习的核心是提高驾驭全局和应对复杂局面的能力。即五个能力：①战略思维能力，就是高瞻远瞩、统揽全局，善于把握事物发展总体趋势和方向的能力。②要增强战略定力，在复杂多变的国际局势中平心静气、静观其变，在制定政策时冷静观察、谨慎从事、谋定而后动。③具备战略思维能力，就能避免瞎折腾。历史思维能力，就是以史为鉴、知古鉴今，善于运用历史眼光认识发展规律、把握前进方向、指导现实工作。④辩证思维能力，就是承认矛盾、分析矛盾、解决矛盾，善于抓住关键、找准重点、洞察事物发展规律，克服极端化、片面化。⑤创新思维能力，就是破除迷信、超越过时的陈规，善于因时制宜、知难而进、开拓创新。明者因时而变，知者随事而制。唯创新者进，唯创新者强，唯创新者胜。底线思维能力，就是客观地设定最低目标，立足最低点，争取最大期望值的一种积极的思维能力。做到心中有数、处变不惊。

创新思维能力对做好知识产权工作尤为重要。从总体上看，我国科技的创新基础还不牢固，自主创新特别是原始创新能力还不强，关键领域核心技术受制于人的格局没有从根本上改变。只有把核心技术掌握在自己手中，才能真正掌握竞争和发展的主动权，才能从根本上保障国家战略安全、国防安全和其他安全，不能总是用别人的昨天来装扮自己的明天，不能总是指望依赖他人的科技成果来提高自己的科技水平，更不能做其他国家的技术附庸，永远跟在别人的后面亦步亦趋。我们没有别的选择，非走自己的创新道路不可。

要高度重视原始性专业基础理论突破，加强科学基础设施建设，保证基础性、系统性、前沿性技术研究和技术开发持续推进，强化自主创新成果的源头供给。

实施创新驱动发展战略是一个系统工程，科技成果只有同国家需要、人民需求、市场需求相结合，完成从科学研究、实验开发、推广应用三级跳，才能真正实现创新价值、实现创新驱动发展。科学技术必须同社会发展相结合，学的再多，如果束之高阁，也只是一种猎奇，只是一种雅兴，甚至当作奇技淫巧，那就不可能对现实社会产生作用。推动科技和经济社会发展深度融合，打通从科技强到产业强、经济强、国家强的通道。要着力以科技创新为核心，全方位推进产品创新、品牌创新、产业组织创新、商业模式创新，将创新驱动发展战略落实到现代化建设整个进程和各个方面。

我国要在科技创新方面走在世界前列，必须在创新实践中发现人才、在创新活动中培育人才、在创新事业中凝聚人才，必须大力培养造就规模宏大、结构合理、素质优良的创新型科技人才，努力造就一批世界水平的科学家、科技领军人才、工程师和高水平创新团队。

我国科技工作的指导方针是：自主创新、重点跨越、支撑发展、引领未来。

自主创新就是从增加国家创新能力出发，加强原始创新、集成创新和引进消化吸收再创新。原始创新是一种超前的科学思维或挑战现有科技理论的重大科技创新。它意味着在研究开发方面，特别是在基础研究和高技术研究领域取得独有的发现和发明。原始创新大多建立在新的科学和工程原理基础上，具有基础性、关键性和战略突破性的特征，能够促进新的产业兴起，推动经济结构的变革。在此，特别是激励知识产权创造，使科技成果产权化、知识产权资本化。即鼓励发明专利的申请和拥有等，形成引领产业发展的核心专利和高价值专利组合。集成创新是指通过对各种现有技术的有效集成，形成有市场竞争力的产品或者新兴产业。实行集成创新的企业可以拥有一些核心技术再连接相关领域的技术创新，也可以通过购买某些核心技术或核心零部件并把它们有机地结合起来，然后再根据市场需要来集成新产品。引进消化吸收再创新是指在引进国内外先进技术的基础上学习、分析、借鉴，进行再创新形成拥有自主知识产权的新技术。通过从发达国家直接引进先进技术，经过消化吸收实现再创新，不仅可以大大缩短创新时间，而且可以降低创新风险。所以，它是发展中国家充分发挥"后发优势"，进而赶上发达国家的必由之路。

重点跨越，就是坚持有所为、有所不为，选择具有一定基础和优势、关系国计民生和国家安全的关键领域，集中力量、重点突破，实现跨越式发展。

支撑发展，就是从现实的紧迫需求出发，着力突破重大关键、共性技术，支撑经济社会的持续协调发展。

引领未来，就是着眼长远，超前部署前沿技术和基础研究，创造新的市场需求，培育新兴产业，引领未来经济社会的发展。

(2) 领导懂科学、全民讲科学，创新驱动发展战略才能得到落实，社会才能得到大发展。大自然是一本无字书，所有的哲理、所有的规律、所有可被我们称为科学的东西早已蕴藏其中。天地有大美而不言，四时有明法而不议，万物有成因而不说。这些"科学"并非因人类出现而出现，也不因人类社会进步而改变。颐和园排云殿前刻了一行字："物含妙理皆堪寻"，就是在告诫我们要敬畏自然，应恭恭敬敬地向自然学习。

恩格斯在《自然辩证法》中指出："我们只能在我们时代的条件下去认识，而且这些条件达到什么程度，我们才能认识到什么程度。""我们的理论是发展的理论，而不是背得烂熟并机械地加以重复的教条。"科学是在实践基础上不断更新、发展和完备的，科学不怕挑战，怕挑战的不是科学，科学为寻求真理而努力，而真理则是不尽之长河。我们取一瓢饮，决不等于鲸吞长河。

树立科学发展观是科学理念、科学工具、科学方法的系统应用。文化上的差异，让我们在学科学、用科学方面落伍了。其原因在于缺少对概念的数学语言描述，缺少对经验的理论提升。一门科学，只有成功运用数学将研究对象进行数字化描述，才能达到炉火纯青的地步。仅是学科学、懂科学还不够，重要在于用科学。学不厌博，钻不怕精。多知多闻，可算作有"学"，但不能算"有学问"。掌握了"信息"，不等于获得了"知识"，能够灵活运用才算真掌握。有才有学仍不够，更重要的是"有识"，即能理论联系实际，形成自己的"见识"，有发明有创造。发展作为执政兴国第一要务，讲求按科学发展规律办事，不以扩大社会矛盾为代价，不以牺牲环境或浪费资源为代价。发展是硬道理，硬发展就没道理。

知识结构不同，意向心理不同，则着眼点不同，看到实际不同，工作效果也不同，这就需要我们全面加强自身修炼。科学就像一条流动的河流，任何人若感到口渴都可以来分享。但是河水不会跳进你的嘴里，你必须弯下身子，用自己的双手捧着水，这样它才能解除你的口渴。

(3) 领导干部带头树立良好的学风。全党大兴学习之风，必须重视学风问题。一个部门有没有好的学风，关键在领导班子和领导干部。现在，党政机关干部知识结构发生了重大变化，高学历者已经或者正在成为机关干部主体，他们保持着学习的热情，许多人还希望通过深造或培训更新知识，以适应形势发展需要。但同时又要看到，一些干部对有组织的学习活动兴趣不大，动力不足，有的甚至还有抵触情绪。

出现这种矛盾现象，与一些党政机关学风方面存在的问题有很大关系。一是灌输式教育越来越让人抵触。领导干部高高坐在主席台上，念着下属起草的讲稿，不管你理解不理解，也不管你接受不接受，反正我讲了。有时领导干部自己还没有来得及理解和消化，就云里雾里地给党员干部讲，以其昏昏，使人昭昭。二是教条式讲解越来越让人反感。有的领导讲话，先给出结论，再举几个人所共知的例子，脱离现实生活，不解决任何问题，讲完就散在空气里，不要说入心入脑，就连入耳都成了问题。三是形式主义越来越让人麻木。学习任务一来，大会讲一讲，小会议一议，往上报一报，网上发一发，走过场就算完事。大家都觉得这是一种敷衍，但久而久之也就麻木了。现在的党员干部学历高、爱思考、个性强，如果领导干部不带头改进学风，非但难以收到好的效果，反而容易产生负面效应。中央号召大兴学习之风，党政机关要率先垂范，做出榜样。党政机关的领导干部，对弘扬优良学风负有特别重要的责任。当前，要针对干部队伍的实际状况，采取四个方面的有效措施，正确引领学习风尚，在扎实取得学习成效上下功夫：

①以自身好言行带出好学风。一个部门的领导有什么样的兴趣爱好，对本部门党员干部的影响甚大。如果领导不爱学习，玩心大，这个单位就可能玩风很盛，学风日下。如果领导热爱学习，平时也鼓励大家学习，对本部门营造良好学习风气就会带来积极影响。当今时代，一个好领导必定是学习型领导。领导干部一定要树立终身学习理念，把抓学习作为自己的重要职责，带头学习理论，自己动手写稿，讲话切合实际，成为本部门的学习先行官。

②善于调动干部学习积极性。当了领导干部，不等于你各方面的水平就比别人高，只是意味着对自己要有更高的学习要求。领导干部一方面要更加努力学习，不断丰富和提高自己，另一方面要当好学习的倡导者、动员者和组织者，把党员干部的学习积极性调动起来，把学习活动有效组织起来，切实履行领导学习的职责。在学习中，领导干部要放下身段，放低姿态，与党员干部一起学习、一起讨论、一起研究，对不懂的地方不耻下问，虚心请教，营造民主的学习气氛。只有党员干部感到自己是学习的主人，学习的主动性和积极性才能被充分地激发出来，从而集聚起推动工作的正能量。

③真正做到以学习促进工作。学习是为了增强工作本领，推动解决工作中存在的突出问题。感到学习无用，把学习当作累赘，是因为学习与工作相脱节，成为两张皮。学习能够取得成效的秘密，就在于理论联系实际，只有将学习与本部门工作紧密结合起来，理论才能扎进实践的土壤。正确的学习方法，就是带着问题学，着力解决工作中的重点难点问题。

④形成激励学习的用人导向。对于干部队伍建设来讲，用人导向是个"牛鼻子"。要选拔任用那些政治坚定、品德优良、勤于学习、善于思考、能够解决实际问题的干部，让那些溜须拍马、不学无术的人没有空子可钻。要让干部真切地感到，不重视学习的干部不是合格的干部。只有这样，干部才能心无旁骛，把主要精力放到学习和工作上来，形成良好的学习环境。

国外政治家也不乏学习中国传统文化经典的典型，如韩国前总统朴槿惠在清华大学演讲时讲道："我从政最重要的考虑是国民的信任，我在外交方面也以'信任外交'为基础。两国人民之间、领导人之间如能加强信任，两国关系肯定会更加密切。既使经受艰难曲折，也要把真诚当成灯塔，最终即使是绝望也是一个锻炼的机会。随着母亲、父亲发生意外，我的人生之路发生重大转折，经历了无限的痛苦和种种磨难。为了度过艰难的时期，我读了很多哲学书和古典书籍，读的时候，将好的字句记在笔记本上，并仔细阅读。同时，战胜痛苦找回心灵的和平，找到了人生的重要价值。其中，记忆最深的文章之一就是诸葛亮在写给儿子的关于学习和请教的相关文章。'非淡泊无以明志，非宁静无以致远。'其内容发自内心。在我人生的艰难时期，点醒我人生一世。"

老一辈革命家毛泽东教导我们，群众是真正的英雄，而我们自己则往往是幼稚可笑的，不了解这一点，就不能得到起码的知识。没有调查就没有发言权。有许多人，下车伊始，就哇啦哇啦地发议论，提意见，这也批评，那也指责，其实这种人十个有十个要失败。因为这种议论或批评，没有经过周密调查，不过是无知妄说。

江泽民说："不讲学习，不讲修养，思想懒惰，随波逐流，是产生错误、滋长奢侈浪费等不正之风的一个重要原因。"所以，中央反复强调，全党同志和各级领导干部，一定要学习、学习、再学习。

习近平总书记强调，领导机关作决策、发指示，一定要从基层的实际出发，充分考虑基层的承受能力，不提脱离基层实际的口号，不定基层落实不了的指标，不搞政出多门，不要布置一项工作下面还没有来得及落实，就又搞新名堂，新花样。领导干部、领导机关要多到基层传帮带，少写那些没有多少实际指导作用的文章，少开没有实效的现场会。

国家"十三五"规划把创新摆在国家发展全局的核心位置，加强技术和知识产权交易平台建设，建立从实验研究、中试到生产全过程的科技创新模式，促进科技成果的资本化、产业化，深化知识产权领域改革，加强知识产权保护。国务院又印发了《新形势下加快知识产权强国建设的若干意见》，这是做好新时期知识产权工作的纲领性文件，对于我们来说，是一个难得的、大有作为的历史契机，我们一定要自觉主动加深对知识产权工作重要性的认识。知识产权是创新的原动力所在，是科技成果向现实生产力转化、创新和市场之间的桥梁和纽带，是科技创新的核心所在，是大众创业、万众创新的引领者。保护知识产权就是保护创新，用好知识产权就能激励创新。要进一步深化专利首先是国家战略资源、是国际竞争的工具的认识，不管科技如何发展，聚焦产业、服务企业都是必须遵守的原则。我们要主动将知识产权融入全省经济社会发展中去，大力推进知识产权强省战略，支撑全省创新驱动发展，学习、学习、再学习，实践、实践、再实践，落实好知识产权"十三五"规划，用"三严三实"的作风，扎实做好知识产权创造、运用、保护、管理和服务五个环节重点工作，使《辽宁省深入实施知识产权战略行动计划（2015—2020年）》各项任务得到有效落实。严守党的政治纪律、政治规矩，形成遵守制度的良好风尚，为知识产权事业发展提供坚强的纪律保证，将知识产权班子建设成为让省委省政府放心、省心的班子，带好队伍，真抓实干，坚持从实际出发谋划事业、推进工作，敢于担责、为官有为，努力创造经得起实践、人民、历史检验的实绩。

1.3 增强社会主义道路自信、理论自信、制度自信和文化自信

1.3.1 道路自信、理论自信、制度自信、文化自信，核心是对共产党领导的自信

党的十八届五中全会提出了全面建成小康社会，实现两个百年奋斗目标的第一个百年目标，提出创新、协调、绿色、开放、共享发展五大理念，描绘了未来五年我国发展的新蓝图、新愿景。当前，我国经济社会发展的广度和深度也前所未有，各种利益关系的复杂程度前所未有，只有发挥好党的领导核心作用，才能从全局和战略的高度，着眼绝大多数人的利益和长远发展，驾驭好世界第二大经济体，保持经济社会持续健康发展。中国共产党的领导是中国特色社会主义的最本质特征，是中国特色社会主义的最大优势所在。

1. 中国共产党在领导中华民族独立解放和改革发展的伟大历史中不断发展壮大，成为中国特色社会主义领导核心

在5000多年的文明发展历程中，中华民族为人类文明的进步做出了不可磨灭的贡献。近代以来，我们的民族历经磨难，1840年以后，中华民族遭受的苦难之重、付出的牺牲之大，在世界历史上都是罕见的，中华民族到了最危险的时候。自那时以来，为了实现中华民族伟大复兴，无数仁人志士奋起抗争。中国共产党成立后，团结带领人民前仆后继，顽强奋斗，把贫穷落后的旧中国变成日益走向繁荣富强的新中国，不可逆转地结束了近代以后中国内忧外患、积贫积弱的悲惨命运，不可逆转地开启了中华民族不断发展壮大、走向伟大复兴的历程。经过鸦片战争以来170多年的持续奋斗，使具有5 000多年文明历史的中华民族以崭新的姿态屹立于世界民族之林，中华民族伟大复兴展现出前所未有的光明前景。

中国特色社会主义道路来之不易，在中华民族积贫积弱、任人宰割时期，对各种主义和思潮都进行过尝试，资本主义道路没有走通，改良主义、自由主义、社会达尔文主义、无政府主义、实用主义、民粹主义、工团主义等你方唱罢我登场，但都没能解决中国的前途和命运问题。历史和现实告诉我们，只有社会主义才能救中国，只有中国特色社会主义才能发展中国。这是历史的结论、人民的选择。中国特色社会主义是社会主义，而不是其他什么主义。它是党和人民90多年奋斗、创造、积累的根本成就，是改革开放40多年实践的根本总结，凝结着实现中华民族伟大复兴这个近代以来中华民族最根本的梦想，也体现着近代以来人类对社会主义的美好憧憬和不懈探索。永远要有逢山开路、遇河架桥的精神，锐意进取，大胆探索，敢于和善于分析回答现实生活中和群众思想上迫切需要解决的问题，不断有所发现、有所创造、有所前进，不断推进理论创新、实践创新、制度创新。我们就要有这样的道路自信、理论自信、制度自信、文化自信。

2. 中国共产党是纪律严明的马克思主义政党

中国共产党之所以能在领导中华民族独立解放和改革发展的伟大历史中不断发展壮大，成为中国特色社会主义的领导核心，其原因是多方面的，但根本的一条就是，中国共产党是靠铁的纪律组织起来的马克思主义政党，纪律严明是党的光荣传统和独特优势。历史反复证明，无论是在革命战争年代还是改革开放年代，党的纪律始终是维护全党团结统一，提高全党凝聚力、战斗力、创造力的根本保证，什么时候把党的纪律挺在前面，什么时候党、国家和人民的事业就会不断发展，什么时候党的纪律松弛，党、国家和人民的事业就会受到挫折，甚至倒退。与世界其他政党具有鲜明不同的是，中国共产党是中国工人阶级的先锋队，同时是中国人民和中华民族的先锋队，是中国特色社会主义事业的领导核心，代表中国先进生产力的发展要求，代表先进文化的前进方向，代表中国最广大人民的根本利益。除此之外，中国共产党没有任何自己的利益。而当今世界其他形形色色的执政党、在野党、反对党等，都是以党团利益、赢得选举、赢得席位为最高利益，且互相攻击，甚至连腐败案件在身的领导人都可公开得到本党的拥护、声援，对其法律追究都受到公开的抗议等。有的党派纪律松散、进出自由，仅仅是一个选举党，是一个临时拼凑起来团队，甚至是乌合之众，利益诉求五花八门，破坏公共秩序，损害公众利益。与此相比，历经90多年的建设巩固发展，中国共产党建立起以党章为管党治党总章程和最高纪律，配套纪律处分条例、廉洁准则、干部选拔任用条例、巡视条例等专项法规，构成了完备的党内法规体系。特别是新的纪律处分条例列出六大纪律，更加把纪律挺在全党、全国人民甚至世界面前，并在实践中把握监督执纪四种形态：一是党内关系要正常化，批评和自我批评要经常展开，让"咬耳扯袖、红脸出汗"成为常态；二是党籍轻处分和组织处理要成为大多数；三是对严重违纪的重处分、做出重大职务调整的应当是少数；而严重违纪涉嫌违法立案审查的只能是极少数。这更体现了党纪严于国法、纪在法前的精神，建立起不敢腐、不能腐、不想腐的长效机制，从制度上为全面从严治党，始终保持党成为中国特色社会事业的领导核心提供了根本的保证。

近年来，一些国家因长期积累的矛盾导致民怨载道、社会动荡、政权垮台，其中，贪污腐败就是一个很重要的原因。大量事实告诉我们，腐败问题越演越烈，最终必然亡党亡国。

苏联共产党20万党员时夺取政权，200万党员时取得卫国战争的胜利，2 000万党员时却丧权亡党，一个重要原因是党内存在严重的腐败问题。

制度问题更带有根本性、全局性、稳定性，制度好可以使坏人无法横行，制度不好可以使好人无法充分做好事。制度的生命在于执行，执行制度在于担当，必须把规矩和纪律挺在前面。

3. 把规矩和纪律挺在前面，扎实做好辽宁省知识产权局的党风廉政建设

当前面临形势越复杂、肩负的任务越艰巨，就越要加强纪律建设，越要维护党的团结统一，确保全党统一意志、统一行动、步调一致前进。严明党的纪律，首要的就是严明政治纪律，最根本的，就是坚持党的领导，坚持党的基本理论、基本路线、基本方略，同党中央保持高度一致，自觉维护党中央权威。在指导思想和路线方针政策及关系全局的重大原则问题上，全党必须在思想上、政治上、行动上同党中央保持高度一致。各级党组织和领导干部要牢固树立大局观念和全局意识，正确处理保证中央政令畅通和立足实际创造性开展工作的关系，任何具有地方特点的工作部署都必须以贯彻中央精神为前提，要防止和克服地方和部门保护主义、本位主义，决不允许上有政策、下有对策，决不允许在贯彻执行中央决策部署上打折扣、做选择、搞变通。每一个共产党员，特别是领导干部都要牢固树立党章意识，自觉用党章规范自己的一言一行，在任何情况下都要做到政治信仰不变、政治立场不移、政治方向不偏。党的各级组织要自觉担负起执行和维护政治纪律的责任，加强对党员遵守政治纪律的教育。要把维护党的纪律放在首位，执好纪、问好责、把好关。要以踏石留印、抓铁有痕的劲头抓下去，善始善终、善作善成，防止虎头蛇尾，让全体党员全体人民来监督，让人民群众不断看到实实在在的成效和变化。党中央高度重视党风廉政建设和反腐败斗争，目前，滋生腐败的土壤依然存在，反腐败形势依然严峻复杂，一些不正之风和腐败问题影响恶劣，亟待解决。要深刻认识反腐败斗争的长期性、复杂性、艰巨性，以猛药去疴、重典治乱的决心，以刮骨疗毒、壮士断腕的勇气，坚决把党风廉政建设和反腐败斗争进行到底。遵守党的纪律是无条件的，要说到做到，有纪必执、有违必查，不能把纪律作为一个软约束或束之高阁的一纸空文。

党的规矩包括党章、党的纪律、国家法律及党在长期实践中形成的优良传统和工作惯例。这些传统和惯例，虽然不是白纸黑字的规定，却是一种范式、一种要求，是不成文的纪律，经过实践检验、约定俗成、行之有效，反映了我党对一些问题的深刻思考和科学总结，需要全党长期坚持并自觉遵循。执行组织纪律就要明确，哪些事可以个人对组织或组织对个人、哪些事必须组织对组织，哪些事可以简化程序、哪些事只能按程序办，哪些事该发扬民主、哪些事该请示报告，都要规定得明明白白。该以组织名义出面的就不要以个人出面、该以个人出面的就不要以组织名义出面。该集体研究就不要擅自表态，该征求意见就不要省略程序。不能办事不靠组织而靠熟人、靠关系。不能对同事八面玲珑，见面拍肩膀、只说三分话，背后嘀嘀咕咕、搞小动作、拉小圈子。要同群众身挨身坐、心贴心聊，而不是在那些很正式的场合当着很多人的面倾听他们的意见。想当官就不要发财，想发财就不要当官。决不能刚当领导时谦虚谨慎，当久了就骄傲自大，忘乎所以。决不能当小领导时很懂规矩，当大领导了就唯我独尊、恣意妄为。

党章是党的根本大法，是党员干部的行为总规范。准则强调自律，重在立德，明确提出了"四个必须""八条规范"，为党员和党员领导干部树立了看得见、够得着的高标准，条例坚持法纪分开、纪在法前、纪严于法，画出了党组织和党员不可触碰的底线。我们必须认真学习，在工作中模范遵守。

在实际工作中，重点要克服以下三个方面的误区：

一是认为机关没有多少权，党风廉政建设与己关系不大。省直机关都有人事、财务、项目等各种权力,只不过有多少、大小之分,都有产生腐败的土壤,必须慎用权力,真正做到谨小慎微。

二是习惯过去特别是十八大以前的老办法,规矩意识不强。党的十八大以来,随着全面从严治党的深入推进,党章、干部条例、党组条例、纪律处分条例、八项规定等系列党规党法完善和出台,规范了党的各项工作,必须用新的要求对照审视我们的工作,立行立改,按规矩、制度、程序用权,在思想上、行动上与党中央省委省政府保持高度一致,把权力关进制度的笼子里。

三是认为党风廉政建设只是形式,是完成上面要求规定的动作,做做样子而已。近年来查出的我们身边熟悉的腐败案子清楚说明,党风廉政建设就在我们身边,作风建设永远在路上,要把党风廉政建设与行政业务工作紧密结合,调整机关和直属单位支部划分,从组织上保证一岗双责得到有效落实,完善相关学习培训制度,不断提高全体党员和各级党组织拒腐防变能力,带好班子、管好队伍。

为此,心中始终要装着三笔账:第一笔账是政治账,如果管束不好自己,走上犯罪道路,政治上的生命也就完结了,弄得身败名裂。第二笔账是利益账,我们党除了最广大人民的利益,没有自己的特殊利益,就干部个人而言,我们的干部都有一定的工作待遇和生活待遇,有基本的保障,合法收入也能够保障体面的生活。而一旦经不起诱惑,违纪违法,赢得的利益也失去了,实在得不偿失。第三笔账是亲情账,一旦违法犯罪,高堂父母为之伤心煎熬,妻离子散、家庭破碎。这三笔账算清了,就能更好地处理公与私的关系,永远铭记公款姓公,一分一厘都不能乱花、一丝一毫都不能私用。

党中央把创新发展作为第一发展理念摆在"十三五"和今后一个时期更加突出的位置。知识产权是创新的源泉,是科技创新的核心所在,是大众创业、万众创新的引领者。我们必须站在全省经济社会发展、站在全国知识产权发展的格局上,审视谋划我们的工作,把从严治党作为推进各项工作的根本保证,有信心就有希望,有信心就有勇气,有信心就有力量。只要我们坚定信心,苦干实干,再大的困难也难不倒我们。石再重、山再高、坡再陡、坎再大,也挡不住我们勇往直前的坚定脚步。我们要不断深入学习贯彻习近平新时代中国特色社会主义思想,坚决维护以习近平同志为核心的党中央权威和集中统一领导,统筹推进"五位一体"总体布局,协调推进"四个全面"战略布局,适应引领把握经济发展新常态,持之以恒贯彻落实"五大发展理念"和"四个着力"要求,坚持稳中求进的工作总基调,以推进供给侧结构性改革为主线,以提高发展质量和效益为中心,以振兴实体经济为重点,深入实施"四个驱动",培育壮大"六个新增长点",进一步找准知识产权工作的切入点、着力点和支撑点,更好地服务国家经济社会发展大局。一要把稳中求进的工作总基调作为知识产权事业改革发展的重要指导原则,牢固树立和贯彻落实新发展理念,努力提高发展的质量和效益,要主动把知识产权融入全省经济社会发展中去,大力推进知识产权强省战略,支撑全省创新驱动发展,用"三严三实"的作风,扎实做好知识产权创造、运用、保护、管理和服务五个环节重点工作。紧扣创新发展要求,发挥专利、商标、版权等知识产权的引领作用,打通知识产权创造、运用、保护、管理和服务全链条,构建便民利民的知识产权公共服务体系,积极探索支撑创新发展的知识产权运行机制,推动形成权界清晰、分工合理、责权一致、运转高效的知识产权机制体制,埋头苦干、扎实工作,支撑辽宁省创新驱动发展。二要围绕推进供给侧结构性改革这条经济工作主线,更好地发挥知识产权的制度供给和技术供给双重作用。一方面,要做好制度供给。要按照中央关于加强产权保护制度建设的决策部署,进一步完善知识产权保护制度,依法保护权利人的合法权益,营造更好的知识产权法治环境。要认真落实专利费用减免政策,优化专利审批流程,降低企业运行成本。另一方面,要做好技术供给。要深入实施专利质量提升工程,努力培育更多核心专利、原始专利、高价值专利,提高技术供给的水平。三要加强知识产权运用,完善知识产权转化运用机制和平台,加速科技成果向现实生产力的转化;要大力发展知识产权密集型产业,促进产业转型升级,提高技术供给的效益。四要切实做好知识产权保护和管理工作。要配合做好"十三五"国家知识产权保护和运用规划的发布实施工作,认真落实《关于严格专利保护的若干意见》、省政府《关于新形势下加快知识产权强省建设的实施意见》,使《辽宁省深入实施知识产权战略行动计划(2015—2020年)》各项任务得到有效落实,加强知识产权快速维权机制平台建设,提高知识产权保护的效果。扎实推进知识产权综合管理改革试点工作,努力构建高效的知识产权综合管理体制机制,更好地服务创新驱动发展和大众创业、万众创新。

坚定不移推进全面从严治党,落实主体责任和监督责任,认真履行一岗双责,畅通监督渠道。在门户网站显著位置开通省纪委驻科技厅纪检组接受监督举报联络方式,开设党风廉政建设专栏,及时传递党中央、省委关于纪律和规矩方面的新要求和反面典型警示教育。经常开展提醒、函询、诫勉,抓早抓小、防微杜渐,把纪律挺在前面,努力践行忠诚干净担当,认真贯彻落实《关于新形势下党内政治生活的若干准则》《中国共产党党内监督条例》,构建风清气正的政治生态,把贯彻落实党组条例作为衡量自己个人职业生涯素质的最高标志之一,充分利用好知识产权党政分设的特殊条件,尽职履责,不断磨砺自己驾驭全局、应对复杂局面的能力。把履行党风廉政建设和监督执纪责任与行政工作高度结合,把贯彻执行党的民主集中制、党内政治生活准则和党内监督条例与贯彻党的统战工作条例和机关行政首长负责制等紧密结合,并作为个人政治品质、党性锻炼的永恒主题。在知识产权发展的事业中和个人的人生中不断追求,砥砺前行,为自己的人生经历在为党的事业工作中留下问心无愧的成就。要把"八个带头、八个自觉"作为加强自身建设的重要标准。带头学习贯彻习近平新时代中国特色社会主义思想,自觉做认真学习实践的表率;带头严守党的组织原则和领导制度,自觉做贯彻民主集中制的表率;带头践行党的宗旨,自觉做密切联系群众的表率;带头树立正确的用人导向,自觉做营造良好政治生态的表率;带头落实忠诚干净担当、"三严三实"、讲诚信、懂规矩、守纪律的要求,自觉做"四讲四有"的表率(讲政治、有信念,讲规矩、有纪律,讲道德、有品行,讲奉献、有作为);带头贯彻落实中央八项规定精神,自觉做正风肃纪的表率;带头落实全面从严治党的主体责任,自觉做清正廉洁的表率；带头敢于担当、主动作为、狠抓落实，自觉做推动振兴发展的表率。要进一步激励引导全局广大党员干部绷紧纪律这根弦，提振精气神，激发正能量，以更加饱满的热情、更加积极的态度、更加务实的作风，带着感情、带着责任，扎实做好当前各项重点工作。为辽宁省扎实推进振兴发展，全面决胜小康社会而奋斗。

1.3.2 关于民主集中制的实践

新颁布的《中国共产党党组工作条例》（以下简称《党组条例》），标志着中国共产党全面从严治党、加强党的科学决策、民主决策和依法决策能力，领导全国各族人民建设中国特色社会主义，提高驾驭全局能力和执政能力的成熟和治党治国制度的定型，与中国共产党章程、廉洁自律准则、纪律处分条例、党政领导干部选拔任用工作条例、党的基层委员会工作条例等党内法规一起，是党作为领导中国特色社会主义事业核心的、最根本的、党内法规，是区别于世界其他政党的根本标志。

《党组条例》规定了党对重大问题的决策程序，不仅根本保证了党的决策科学性和正确性，还直接影响党的作风建设和党的凝聚力与战斗力，我们必须在实践中认真贯彻执行，这是衡量一个党组织是否合格的标准。

第一，民主集中制是党组决策的基本原则。

《党组条例》明确规定民主集中制的基本原则，核心是党的各级委员会实行集体领导和个人分工负责相结合的制度。凡属重大问题都要按照集体领导、民主集中、个别酝酿、会议决定的原则，由党的委员会集体讨论作出决定；委员会成员要根据集体的决定和分工，切实履行自己的职责。规定了需要党组研究决定的重大事项内容，并由各级党组制定详细的目录清单，这与党章要求是一致的，并进行了细化，具有很强的操作性和规定性。

长期以来，党组决策程序往往被忽视，有客观原因如党政一人兼等，但也有主观因素如行政会议代替党组会议，视党组会议为形式，特别是没有真正体现民主集中、个别酝酿环节，没有明确重大问题范围或界限不清等。最终导致党组没有真正体现集体领导、分工负责的良性局面，甚至走向互相掣肘、平衡权力、一团散沙的局面。党组对上级组织决定的执行力、控制力和驾驭当地经济社会发展，以及党的建设能力软弱，起不到领导核心作用。

党组决策与行政决策边界没有很好界定，造成党组决策与行政决策的效力取决于党组书记和行政负责人个人工作风格、作风和能力，要么党组主导一个单位的一切工作，要么行政主导一个单位的一切工作，甚至形成党政一个软、一个硬的非正常局面，而不是按照各自的分工和程序相对独立地开展工作。党政分设如此，一人兼的同样如此。产生这样问题的根源是干部本人的政治思想素质差异，客观上相关程序规定不明确、不严格也是存在的，随着全面从严治党的深入，特别是《党组条例》和地方各级委员会工作条例的颁布实施，从制度上保证了党的领导的程序性规定，下一步关键是看党组织成员个人如何执行《党组条例》了。

第二，贯彻落实《党组条例》是衡量党员领导干部个人职业生涯素质的最高标志。

(1)党组会议制度化标志着一个单位工作秩序的正常运行。按照党组条例要求，原则上每月召开一次党组会，这既是程序和形式要求，也是党组正常工作的标志。一个单位连党组会都不能正常召开，很难说这个单位是稳定、正常的了。正如党的全国代表大会5年一届、全国人民代表大会5年一届按时召开一样，标明一个党、一个国家在正常运行。定期召开党组会，围绕确定的议题进行相应的准备，这本身就是一个决策过程。因此，决定召开党组会绝不是随意和走形式，它从形式到内容实实在在体现了党的领导过程，这也是《党组条例》规定的会议决定的原则。

(2)党组会议应该在应对复杂局面、突破难点热点、驾驭全局方面体现出卓越的领导能力。党组决策不同于日常行政工作，也不能代替日常行政工作。党组的决策机制与行政决策机制完全不同，我国在行政机关和企、事业单位是行政首长负责制。而党组是集体领导，决策的是单位的重大事情，也就是复杂事情、热点事情、难点事情等，它考验的是党组、党组书记和党组成员的议事、集中和取舍决策的能力，带有方向性和根本性。行政首长负责制很大程度上取决于首长个人的决策水平，而党组决策则主要体现的是一个集体的决策水平，对每一名成员都是个人素质能力的一个综合考验，尽管党组书记也起重要作用。这也是党章和条例规定的三重一大、集体领导的原则。

(3)党组会议是党组成员心怀坦白、对党忠诚的品质的见证。党组会议召开前，对议题进行研究，在党组成员之间充分沟通交流意见，这是需要成员真实表达个人意见，特别是不同意见和修改意见的过程，能否站在对党组负责、对党的事业负责，客观公正提出意见，是衡量每名党组成员党性和履职能力的基本尺子。个别党组成员在沟通酝酿时敷衍了事、口是心非、固执己见、个人或小集团利益至上，讨价还价、搞平衡，随意泄露酝酿情况、压制不同意见，会后不执行甚至抵触对抗党组决议，这都是党组会议必须避免的。一个党组成员不能积极主动客观理性表达对某一决策问题的意见，甚至阳奉阴违、不择手段、弄虚作假，把党组会议决策当作一种形式，作为一种借口，甚至是违规违纪的挡箭牌，将误党误国，也葬送了党组成员个人的美好前程。这也就是个别酝酿的重要性，没有充分的个别酝酿，恐怕党组决策也不可能是科学决策，更不是民主决策，甚至有可能是违规决策，那么，这样的党组也该改组或解散了。

第三，贯彻落实《党组条例》，通过党内民主带动全社会民主。

《党组条例》把党的民主集中制组织原则具体化，是民主基础上的集中和集中指导下的民主的具体实践。是人类民主发展的最新成果，它克服了传统的西方的极端民主主义和毫无生机的泛民主主义，它是民主与集中、速度与正确、个人与组织、形式与内容的最佳结合点。《党组条例》很好地解决了民主化过程中的难点问题，是治党治国治军的根本原则，是引领经济社会不断发展、人民生活幸福的最可靠保障机制，是政党政治的核心。

中国特色社会主义的成功实践，再一次充分证明《党组条例》规定的基本原则是靠得住的，是我国民主政治发展的成熟标志。世界各国和地区，不同的民主制度，如英国的民主，美国的民主，日本的民主，欧洲大陆的民主，拉美国家的民主，印度的民主，我国香港、台湾的民主，亚洲的民主，非洲的民主等，没有一个在全世界各国和地区是相同的，从经济社会发展状况可以反观其民主制度的效果。美国等西方国家不惜使用武力推行的伊拉克、阿富汗、叙利亚、埃及、乌克兰等民主制度，其造成的社会经济问题层出不穷，留下无穷混乱，给当地人民生活和安全造成难以估量的损失，甚至使国家积累的财富一夜间荡然无存。这是对西方所谓民主的极大讽刺。新中国走到今天，在国际舞台上所取得的地位和尊严，作为中华儿女，任何一个有良心的中国人都应该看到这一点，看到中国共产党领导中国人民争取民族独立、国家富强的伟大功勋，看出中国共产党作为领导中国特色社会主义的核心，其领导体制机制的科学性和先进性。尽管我们党还存在消极腐败、能力不足、决策失误等现象，但党始终代表先进生产力的发展要求、先进文化的发展方向、最广大人民的根本利益的性质始终没有变，民主集中制的根本原则没有变，只有中国共产党才能发展中国，这就是我们的自信。

熟练运用党组会议决策机制研究解决经济社会发展中的重大难点、热点问题是各级领导机关和成员的永恒主题，特别是党组书记，作为党组织主要负责人，责任重大。首先自己要带头履行《党组条例》规定的义务，更要充分发扬民主，听进去不同意见，以宽广的胸怀和为人民的利益和党的事业负责的情怀，最大限度地集中民智，善于学习、勤于思考，深思熟虑，勇于担当，始终保证每一次决策都是一个最优决策，每一次决策都是鼓舞士气、带班子、带队伍的决策。坚持原则，敢于担当是党的干部必须具备的基本素质。党的干部必须坚持原则，认真负责，面对大是大非敢于亮剑、面对矛盾敢于迎难而上、面对危机敢于挺身而出、面对歪风邪气敢于坚持斗争。做到"为官避事平生耻"。担当的大小体现着一个干部的胸怀、勇气、格调，有多大担当才能干多大事业，尽多大责任才会有多大成就。说到底，无私才能无畏，无私才敢担当。要对工作任劳任怨、尽心竭力、久久为功、善始善终、善做善成。敢于担当，是为了党和人民的事业，而不是个人风头主义。飞扬跋扈、唯我独尊并不是敢于担当。干部就要有担当，不能只想当官不想干事，只想揽权不想担责，只想出彩不想出力。

1.3.3 关于构建知识产权大保护格局的思考

1. 完整准确地理解依法治国的深刻含义

（1）在全面依法治国的框架下做好知识产权保护大格局顶层设计。关于依法治国，党的十八届四中全会和习近平谈治国理政都有明确无误的阐述。我们必须认真学习领会。

构建中国特色的知识产权保护大格局必须坚决维护以习近平同志为核心的党中央权威和集中统一领导，统筹推进"五位一体"总体布局，协调推进"四个全面"战略布局，适应引领把握经济发展新常态，持之以恒贯彻落实"五大发展理念"。

中国特色社会主义法律体系已经基本形成，我国法律建设中存在的主要问题是没有完全做到有法必依、执法必严、违法必究。法律缺乏必要的权威，得不到应有的尊重和有效的执行。

　　法律是治国之重器，法治是国家治理体系和治理能力的重要依托。党把依法治国确定为党领导人民治理国家的基本方略，把依法行政确定为党治国理政的基本方式。要把依法治国摆在突出位置，把党和国家工作纳入法治化轨道，坚持在法治化轨道上统筹社会力量、平衡社会利益、调节社会关系、规范社会行为，依靠法治解决各种社会矛盾和问题，确保我国社会在深刻的变革中既生机勃勃又井然有序。世界上一些国家虽然一度实现快速发展，但却没有顺利迈进现代化门槛，而是落入这样或那样的陷阱，很大程度上与法治不彰密切相关，小智治事、中智治人、大治立法。必须坚持依法治国、依法执政、依法行政共同推进，坚持法治国家、法治政府、法治社会一体建设，实现科学立法、严格执法、公正司法、全民守法，为党和国家事业发展提供根本性、全局性、长期性的制度保障。

　　全面依法治国，必须走对路。必须坚持中国共产党的领导。中国共产党领导人民制定宪法和法律、执行宪法和法律，党自身必须在宪法和法律范围内活动，真正做到领导立法、保证执法、带头守法。党的领导是中国特色社会主义最本质的特征，是社会主义法治的最根本保障。全面依法治国要有利于加强和改善党的领导，有利于巩固党的执政地位、完成党的执政使命，绝不是要削弱党的领导。必须坚持党领导立法、保证执法、支持司法、带头守法，将依法治国基本方略同依法执政基本方式统一起来，把党总揽全局、协调各方同人大、政府、政协、审判机关、检察机关依法依章程履行职能、开展工作统一起来，把党领导人民制定和实施宪法法律同党坚持在宪法法律范围内活动统一起来，善于把党的主张通过法定程序转化为国家意志，善于使党组织推荐的人选通过法定程序成为国家政权机关的领导人员，善于通过国家政权机关实施党对国家和社会的领导，善于运用民主集中制原则维护中央权威、维护全党全国团结统一。必须坚持人民主体地位、必须坚持法律面前人人平等。任何组织和个人都必须尊重宪法法律权威，都必须在宪法法律范围内活动，都必须依照宪法法律行使权力和权利、履行职责或义务，都不得有超越宪法法律的特权。任何人违反宪法法律都要受到追究，决不允许任何人以任何借口、任何形式以言代法、以权压法、徇私枉法。必须坚持依法治国和以德治国相结合。必须坚持从中国实际出发。

　　在党的领导下依法治国、厉行法治。党和法的关系是一个根本问题，处理得好，则法治兴、党兴、国家兴。处理不好，则法治衰、党衰、国家衰。党的领导必须依靠法治。在我国，法是党的主张和人民意愿的统一体现，党领导人民制定宪法法律，党领导人民实施宪法法律，党自身必须在宪法法律范围内活动，这就是党的领导力量的体现。维护宪法法律权威就是维护党和人民共同意志的权威，捍卫宪法法律尊严就是捍卫党和人民共同意志的尊严，保证宪法法律实施就是保证党和人民共同意志的体现。党和法、党的领导和依法治国是高度统一的。党大还是法大这样似是而非甚至极端错误的观点，是一个伪命题，少数人之所以热衷炒作这个命题，是醉翁之意不在酒，是想把党的领导与法治割裂开来、对立起来，最终达到否定、取消党的领导的目的。

　　执法是行政机关履行政府职能、管理经济社会事务的主要方式，各级政府必须依法全面履行职能，坚持法定职责必须为，法无授权不可为。

上述内容都是依法治国最准确和最权威的表述，无论从形式上、行文规矩上还是内容上，都不能有任何含糊和偏离，脱离上述表述，无论从政治上、技术上、理论上还是实践上都不符合我国依法治国的实际，都是与依法治国的伟大实践背道而驰的。在此，我们必须头脑清醒，与以习近平同志为核心的党中央保持高度一致。

(2)知识产权保护当然在宪法法律的范围内实施。毫无疑问，在我们国家任何一个公共服务或者监管部门的具体权力都是依据相关法律法规规定的，依据批准的三定方案履行职能，即权责法定。不同部门的职权虽然有交叉，但主要职责是相对独立，也是依法界定的。每一个行政部门有上下级的领导和指导关系，有不同的层级。部门之间只是协调与合作关系，有牵头或参与部门，仅此而已。

同一事件根据现行法律法规涉及行政管理和处罚，也可能涉及刑事处罚等多个方面，涉及行政主管部门，也涉及公安、法院、检察院等国家法律执行与监督部门，每个部门都在各自职权范围内行使处罚和管理权力，都属于不同的管理和处罚阶段。比如，经常讲到的根据有关法律法规给予罚款处理，或者涉嫌违法犯罪由行政管理机关移送司法机关处理等。现行的环保法、水污染防治法、水法等一系列法律法规都是先由行政主管部门处罚后，再根据法律规定和具体情节严重程度，移送司法机关。在这里，主要是分工不同，处理或处罚的程度不同，不存在行政主导或者司法主导之说。

(3)知识产权保护是一项系统工程。我们必须用系统工程思维解决知识产权事业发展的具体问题。综合运用法律、经济、技术和必要的行政手段，推动知识产权创造、保护、运用、管理和服务各方面工作深入开展。

法律手段首先是部门职责法定，其次是对违法行为必须按法律规定处理，包括行政执法和案件移送。但不是单指依靠公安、检察院和法院的手段。

经济、技术手段也是广义的行政手段或者是市场手段，发挥市场经济的决定性作用同样是做好知识产权工作的重要依靠，加大对侵权行为的经济处罚就是最重要的知识产权保护手段。

必要的行政手段是在现行法律法规没有涉及的领域，用行政的办法解决管理上的真空。如各种管理办法等，待条件成熟后上升到法律法规。

2. 对专利法修改的建议

对专利法的修改必须在国家现有法律体系内进行，必须与现行的国家法律法规相衔接，如与刑法、刑事诉讼法、民事诉讼法、行政诉讼法等相关法律衔接。这既能突出重点，又能很好利用现行法律解决问题，大大节省立法方面的人力、物力、财力，提高立法效率，使专利法律成为现行法律体系中不可分割的一部分。

(1)行政处罚与司法判决的明确界定和有效衔接。现行的专利法基本上是一个专利管理方面的法律，主要还是以专利的审查授权等技术性规定为主，现在看来称为专利管理条例更适合一些。当然，这与我国专利制度实施的历史发展过程有紧密关系。特别是第七章有关专利权的保护内容，第59~74条，表述很弱，内容不够明晰，没有明确界定行政处罚和法院判决或违法犯罪处理的部门职责范围，在实际执法活动中引起不必要的交叉，导致保护效率不高和维权效果较差。

界定行政处罚和司法机关各自的明确责任。行政机关在处理涉及违法事件时，应及时移送司法机关，在这方面，现行法律法规等都有明确的规定，这也是必不可少的重要的法律条文和法律实践，专利法中也突出强调这样的表述。如公安部关于印发《公安机关受理行政执法机关移送涉嫌犯罪案件规定》的通知（公通字〔2016〕16号）第一条："为规范公安机关受理行政执法机关移送涉嫌犯罪案件工作，完善行政执法与刑事司法衔接工作机制，根据有关法律、法规，制定本规定。"

一般的法律法规都规定，涉嫌犯罪的，移送司法机关处理。这里在移送司法机关前，进行了大量的行政管理或处罚工作，这既是一个界定，也是一个机制，更是一个通用的实践，行政与司法是不同层级的管理措施，法律是最后的底线、是最终的决定。不能指望将大量的民事和经济活动首先推到法律的面前，这既不可能解决问题，也不符合我国现行法律体系的制定原则和实践。不可能事事找法院，若那样，知识产权保护也就无法继续下去了。无论政府工作还是党的工作都是这样，党纪党规也是纪法分开的，也是广义的行政与司法分开处理的。这是法律法规的通用规定，不需争论。这样做有利于减少和化解社会矛盾冲突，也能节约巨大的、不必要的法律资源和社会资源，减少公共财政等必要的行政成本。

（2）目前的专利法不能适应当前我国以及国际知识产权保护发展的形势需要，特别是具有知识产权大保护格局特点的知识产权强国建设、知识产权战略实施、知识产权供给侧改革、知识产权综合管理改革、统一协调的知识产权大保护格局正在形成。在这种条件下，制定一部综合性的知识产权保护法显得更加紧迫、更加合理。进一步明确国务院知识产权行政保护主管部门，对全国知识产权保护工作实施统一监督管理；县级以上地方人民政府知识产权保护主管部门，在其职责范围内对本行政区域知识产权保护工作实施统一监督管理。县级以上人民政府有关部门和军队知识产权保护部门，依照有关法律的规定对专利、商标、著作权、植物新品种等知识产权保护工作实施监督管理，违反规定，构成犯罪的，依法追究刑事责任。

（3）对涉及的有关专利、商标、著作权、植物新品种等相关法律法规进行相应的修改。特别是有关刑法方面还应加大惩罚力度，现行刑法在处罚的广度、力度方面还比较弱，应该加大司法解释，并推动刑法的修改。

同时，也要在现行的法律体系内进行知识产权法的制定。保证与现行法律有效衔接，相互补充，既节省人力、物力、财力，又使部门职责界限清晰，发挥不同执法部门的专业特长，进而提高执法效率，使知识产权保护法构成我国法律体系中一个重要的组成部分，在维护社会主义市场经济健康发展、营造良好的营商环境中发挥很好的保障作用。例如，要与行政诉讼法、行政复议、刑法等很好地衔接，形成封闭循环。

3. 知识产权法律体系框架

通过上述内容，参考环境保护法律体系构建，建议的知识产权法律建设如图 1-1 所示。

即在知识产权保护法的综合法律之下，再分别对现行的专利法、商标法、著作权法、植物新品种法、集成电路布图设计法等相关知识产权单行法律法规进行相应的修改制定等。比如专利代理等有关规定，应该适时取消，释放社会创新能量。对相应的有关刑法条文做出修改或解释等。

总之，专利产业是朝阳产业，知识产权事业是光辉的事业，前途无限光明。过去，环境保护经历了由小到大、由弱到强的历程，成为朝阳产业，发展到今天成为党和国家事业的总体布局的重要组成部分，成为人人关注的热点，认识空前统一。而今，知识产权事业正当循着环境保护走过的历程，而且站在科技创新的前沿，层次更高，引领作用更强，现在迫切需要一部综合性知识产权法律，适应和保障知识产权保护事业发展的客观需要，推动知识产权强国建设向更高层次发展，这对每一个涉及知识产权方面的部门及个人都是难得的历史机遇，继往开来、大有作为，机遇无处不在、机遇无时不在，知识产权法律体系建设任重道远，有为才有位，让我们不断解放思想，深入学习贯彻习近平新时代中国特色社会主义思想，实事求是，团结一致向前看，共同推动知识产权保护大格局的形成，推动知识产权保护法律体系建设，尽快形成知识产权大保护格局，为知识产权强国强省建设提供强大的保障。

第 2 章　知识产权标准

标准有广义和狭义之分，也有微观和宏观之分。狭义的标准是指经过一定的机构发布的带有标准序列号的技术标准、指南、规范等，如国际标准、国家标准、地方标准、行业标准、企业标准等。广义的标准是指有关工作目标，规划任务书，各种指标、准则、导则等，可以定量或定性检验考核的文件等。微观标准主要是狭义的具体的可测量、可检验的操作要求或指标，如专利、商标、著作权审查与授权等规定，企业知识产权管理规范、代理机构的成立条件等有关管理标准等。宏观标准如知识产权示范城市、优势企业等相关认定条件和考核指标等，《知识产权评议分析指南》等相关政策性、指导性标准和要求等。

例如，《标准化工作指南　第 1 部分：标准化和相关活动的通用术语》(GB/T 20000.1—2014)条目 5.3 中对标准的定义是：为了在一定范围内获得最佳秩序，经协商一致制定并由公认机构批准，共同使用的和重复使用的一种规范性文件。

国际标准化组织(ISO)的国家标准化管理委员会(STACO)一直致力于标准化概念的研究，先后以"指南"的形式给"标准"的定义做出统一规定：标准是由一个公认的机构制定和批准的文件。它对活动或活动的结果规定了规则、导则或特殊值，供共同和反复使用，以实现在预定领域内最佳秩序的效果。可以看出，标准是一个意义广泛的概念。

2.1　知识产权技术标准

2.1.1　《企业知识产权管理规范》(GB/T 29490—2013)

这是一个狭义微观的知识产权管理标准。其核心内容与通行的企业质量管理体系、环境管理体系、健康与安全管理体系一样，对企业如何实施知识产权战略，发挥知识产权在企业经营管理中的创新引领作用，建立起从最高决策层到执行层的管理机制。它本身是一个很具体的操作手册，带有宏观战略性质。但又是通过国家技术标准化机构发布的国家标准。这不仅有助于企业知识产权工作，同时对科研、社会，甚至政府管理机构等均有借鉴作用。通过贯标活动，提高创新主体的知识产权意识，增强知识产权创造、运用、保护、管理和服务能力。

此外，还有《高等学校知识产权管理规范》(GB/T 33251—2016)及《科研组织知识产权管理规范》(GB/T 33250—2016)等。

随着知识产权意识的不断提高，企业、行业、研究院所、大学及国家有关部门会结合各自工作实际，不断制定一系列的工作技术标准，推动知识产权工作规范化、标准化。

2.1.2 知识产权审查标准

有关专利、商标、著作权、植物新品种等的审查、授权与获得及其权利维持等都有明确的技术与管理标准和要求。有原则性要求、形式要求、内容要求、时限要求等，对申请人、审查批准人等相关人员的资格等都规定了应具备的条件。与企业知识产权标准规范相比，这些标准更多体现在管理方面。如专利法实施细则，规定了在申请、受理、审查、公开、授权、发证等整个环节的详细要求，这些都是必须遵守的工作标准。

2.1.3 知识产权分类标准

对于浩瀚的专利、商标等知识产权分类管理，如成千上万专利、商标文件等，需要一个科学编目、分类系统，以方便对其进行文档储存、查阅、传输、检索。如国际专利分类代码 IPC、商标分类代码等。这是国家信息系统的基础，是国际交流、国际合作的桥梁。

2.2 知识产权工作指南

知识产权工作指南，相当于一个中观层面的知识产权标准，涉及工作技术规范、步骤方面的要求和指导性意见，虽然不像微观标准那样规定细微，带有强制性，但通过工作不断推动发展，步骤不断细化，将最终过渡到带有标准号的国家或地方或行业标准。多数为政府部门为开创或推动某类新兴工作而开展的技术性管理工作，如《知识产权分析评议工作指南》等。

2.2.1 知识产权评议指南

知识产权分析评议是指综合运用情报分析手段，对经济科技活动所涉及的知识产权，尤其是与技术相关的专利等知识产权的竞争态势进行综合分析，对活动中的知识产权风险、知识产权资产的品质价值及处置方式的合理性、技术创新的可行性等进行评估、评价、核查与论证，根据问题提出对策建议，为政府和企事业单位开展经济科技活动提供咨询参考。

2.2.2 知识产权价值标准

知识产权价值标准主要是对知识产权如专利、商标、著作权等作为无形资产进行价值分析、评估作价，提出相对规范、统一、可比较的知识产权价值评估方法，这是知识产权资本化、产业化的前提条件，也是知识产权与经济社会结合的纽带。

2.2.3 知识产权导航预警指南

知识产权导航预警指南主要涉及知识产权分析与创造及维权方面的工作标准和方法步骤。

2.3 知识产权战略与规划指标

知识产权战略与规划指标是一个宏观层面的标准，带有引领性、目标性、方向性。其是一个大标准、大目标，是一个系统工程最顶层目标或知识产权系统工程最顶层的标准系统。

2.3.1 知识产权评价指标

知识产权评价指标是评价知识产权工作成果的可测量、可监测、可比较的标准体系。如万人有效发明专利拥有量、万人专利申请量、万人专利授权量、单位GDP专利拥有量、商标、版权拥有量等系列独立指标和相关指标，知识产权国内申请量和国外申请量比例等。每一个指标都能反映出专利等知识产权本身、知识产权与经济社会之间关系的状态和发展趋势，是评价或预测技术发展以及经济社会发展质量的最重要的技术标准。如知识产权综合实力评估指标体系(表2-1)等。

该评估指标体系由4个一级、10个二级、46个三级指标组成。一级指标包括知识产权创造、运用、保护和环境4个指标。根据数据可得、国际可比的原则，建立3个一级指标、9个二级指标、33个三级指标的国际比较指标体系，从知识产权能力、绩效和环境3个维度进行比较。以2010年全国知识产权综合发展指数为100，则2015年达到191分。其中知识产权创造发展指数166、运用发展指数175、保护发展指数225、环境发展指数198，综合指数前5名为广东、北京、上海、浙江、江苏。二级指标细分，创造分为数量、质量和效率；运用分为规模和效益；保护分为司法保护和行政保护；环境分为制度、服务和意识。

表 2-1 知识产权综合实力评估指标体系

一级	二级	三级		权重
创造	数量	1	专利授权量	1.96
		2	商标注册量	
		3	版权登记量	
		4	植物新品种	
		5	集成电路布图设计登记量	0.50
	质量	6	发明专利申请比例/%	1.39
		7	专利维持率/%	
		8	发明专利平均维持年限/年	
		9	注册商标续展率/%	
		10	PCT国际专利申请受理件数	
		11	马德里国际商标注册量	
	效率	12	万人发明专利拥有量	2.08
		13	千万研发经费发明专利授权量	
		14	百户市场主体有效注册商标	
		15	百亿GDP专利申请量	
运用	规模	16	专利实施许可合同数量	1.79
		17	专利申请与转让合同数量	
		18	商标使用许可合同数量	
		19	技术市场成交合同数量	
		20	商标转让数量	
		21	图书(出版物)输出量	
		22	版权输出品种	
	效益	23	专利质押融资额	1.79
		24	专利实施许可合同额	
		25	商标权质押融资额	
		26	核心版权产业增加值	
		27	软件业务出口额	
		28	技术市场成交额	
		29	专利权使用和特许费	

续表

一级	二级	三级		权重
保护	司法保护	30	法院接受一审案件量	3.13
		31	法院审结一审案件量	
		32	检察机关批准速捕犯罪量	
		33	提起公诉案件量	
	行政保护	34	专利行政保护指数	3.13
		35	商标行政保护指数	
		36	版权行政保护指数	
		37	海关行政保护指数	
环境	制度	38	法规规章数量	4.17
		39	战略规划量	
	服务	40	服务机构数量	4.17
		41	服务人员	
	意识	42	万人专利申请受理量	1.67
		43	万人商标申请量	
		44	万人版权登记量	
		45	知识产权保护满意度	
		46	网站访问量	

以 2016 年的数据为例，辽宁全省专利申请量 52 600 件，发明申请 25 560 件，授权 6 730 件，有效专利 27 915 件，万人专利拥有量 6.4。北京 76.8、上海 35.2、江苏 18.4、广东 15.5、天津 14.7、陕西 7.3、安徽 6.4、山东 6.3。日本万人发明专利拥有量 105 件，韩国 96 件，美国 39 件。

各市万人有效专利量：沈阳 13.38、大连 13.77、鞍山 6.85、抚顺 2.62、本溪 1.87、丹东 2.72、锦州 2.20、营口 1.93、阜新 1.95、辽阳 1.69、铁岭 1.30、朝阳 0.94、盘锦 2.40、葫芦岛 1.64。

关于指标体系，可以根据研究与分析需要，构建不同的指标体系。如反映知识产权与经济发展关系的单位 GDP 知识产权(专利)申请(或授权或拥有)量。如衡量技术出口或产品的技术含量的对外知识产权(专利)申请等情况，国际专利申请量(PCT)等指标，国外申请量与国内申请量比较等指标，都不同程度客观反映了技术或产品的价值。

例如，知识产权国际融合度指数：国外申请量与国内申请量比较(2015 年 WIPO 统计前 25 个国家)。

中国国内申请量968 252，而在美国的申请量为21 386，其在美国技术融合度为0.022，简写为：21 386/0.022。其他国家如下：

在欧洲申请：5 711/0.006，在日本申请：2 840/0.003，在韩国申请：1 947/0.002，在印度申请：1 681/0.002。

同样，法国国内申请量14 306，而在美国申请：12 327/0.86，在欧洲申请：10 779/0.75，在日本申请：3 369/0.24，在韩国申请：1 984/0.14，在印度申请：1 293/0.09，在中国申请：4 101/0.33。

澳大利亚国内申请量2 291，在美国申请：3 655/1.6，在欧洲申请：819/0.4，在中国申请：635/0.3。

加拿大国内申请量4 277，在美国申请：13 201/3.1，在欧洲申请：1 640/0.38，在中国申请：1 025/0.24。

德国国内申请量47 384，在美国申请：30 016/0.63，在欧洲申请：24 833/0.52，在日本申请：6 340/0.14，在韩国申请：4 087/0.09，在印度申请：2 901/0.06，在中国申请：13 851/0.29。

美国国内申请量288 335，在欧洲申请：42 677/0.15，在日本申请：26 501/0.09，在韩国申请：14 655/0.05，在印度申请：11 369/0.04，在中国申请：37 216/0.13。

2016国内亿元GDP申请量：4.8。辽宁2.39、北京7.59、天津5.95、黑龙江2.29、吉林1.26、上海4.36、江苏6.73、浙江8.45、安徽7.15、福建4.57、江西3.28、山东3.17、湖北2.95、河南2.35、广东6.36、广西3.25、海南3.52、四川4.36、陕西3.63、甘肃2.81

2016国内亿元GDP授权量：2.4。辽宁1.1、北京4.0、天津2.2、黑龙江1.2、吉林0.7、河北1.0、上海2.3、江苏3.0、浙江4.8、安徽2.5、福建2.4、江西1.7、山东1.5、湖北1.3、河南1.2、广东3.3、湖南1.1、重庆2.4、四川1.9、陕西2.5、甘肃1.1、南京6.22、西安7.32、沈阳3.3、杭州6.6、济南4.9、成都8.0、厦门5.5、宁波8.0、广州5.1、长春2.3、哈尔滨4.3、大连1.7。

2.3.2 知识产权规划指标

知识产权规划指标是有关一个时间段内需要完成的工作要求，是与时间挂钩的标准体系，带有目标性，一般分三年、五年、十年、二十年以上等时间段。

2.3.3 知识产权战略与行动计划

知识产权战略与行动计划是围绕知识产权有关重点工作，根据规划指标、目标，提出的工作总体部署、措施等，是一项综合性的管理标准、指南、监控措施等目标性文件。据此，每年制订行动计划，对照目标完成情况进行分析判断，并根据需要进行适当调整，连续制订下一年行动计划，直到战略目标实现。如《国家知识产权战略纲要》（2008—

2020)、《知识产权综合管理改革试点总体方案》(2017年1月)、《"十三五"国家知识产权保护和运用规划》(2017年1月)、《辽宁省人民政府关于新形势下加快知识产权强省建设的实施意见》、《辽宁省知识产权战略行动计划》(2016—2020)、《辽宁省知识产权"十三五"规划》、国务院颁布的《新形势下加强知识产权强国建设的若干意见》(国发〔2015〕71号)等。

第3章 知识产权信息

知识产权本身支撑知识密集型产业,专利数据本身是最有效的大数据,90%的新技术都包含在专利技术中,从专利中可以看到未来5~8年的技术发展方向,专利导航工程是一个重要的产业化措施。专利运营已经成为新的产业。专利应用已经从过去的单项专利向专利组合、专利产品向专利经营发展,由过去的单个专利企业转向标准联盟、由保护创新转向竞争合作、由视专利为研发负债转为优质资产。科研是把资金转化为知识,创新是把知识转化为资金。要把专利数据积累存储向信息分析转变。专利最大的价值不仅在于成为抵制竞争者的武器,而是作为与其他公司合作的桥梁。美籍奥地利经济学家熊彼特认为,创新就是建立一种新的生产函数,实现既有生产要素的重新组合。新组合(创新)的目的是获得经济效益或社会效益。组合各种要素,创新实现价值。广义的技术创新包含管理创新,广义的产品包含管理与服务,核心是通过新组合解决实际问题。历史上还没有,天然不存在,由人造出来的,就是创新。专利信息集技术、法律、经济信息为一体。专利文献的社会作用:从专利制度角度,传播发明创造、促进科技进步;从专利权人角度,警示竞争对手,保护自主创新的知识产权;从竞争对手角度,了解行业发展信息,借鉴权利信息,防止侵权纠纷;从企业研发创新角度看待,提供技术参考,启迪创新思路。

3.1 知识产权管理信息

知识产权管理信息主要是有关知识产权管理和服务社会公众方面的公开与非公开信息及传输系统。其中,政府的门户网站是政府最为基础、最为基本、最为正规、最为权威的信息平台。在门户网站基础上,承载相关各方面专业信息和特别链接,构成一个基础信息枢纽。公共微信平台、微信、QQ等新媒体,也是知识产权信息发展的重要组成部分,它们与门户网站这种固定式信息平台构成全时信息域网络。此外,还有政府内设部门及专业部门的特定信息、政府自身办公信息系统、日常政务管理等各种专门信息平台等。

3.1.1 政府门户网站

知识产权管理部门的门户网站集成了所有的知识产权信息和相关链接。可以说它代表着一个部门的工作状态，是政府工作成效的晴雨表。若网站信息不能及时更新、通过网站不能方便查阅相关管理信息，只能说明政府部门没有很好地完成应尽的义务，没有真正地履责到位。对此有大量的工作需要进一步开展。无论从网站内容还是到人员配备、设备维持等，应该是政府部门一项最为基础的工作，尤其是今天信息化时代的大背景下，门户网站的综合性作用不容丝毫忽视。

3.1.2 办公信息与新媒体

办公信息主要是机关内部流程性的文件传输处理过程，是机关办公能力、水平和效率的重要标志，特别是在简化流程又不影响保密等安全规定方面，是办公信息系统的永恒主题。充分利用办公自动化平台，除必要的存档备查外，杜绝纸质文件传输，能公开的一律公开，不另下发纸质文件，可通过文件下载区让用户自行下载，减少一切不必要的纸质文件传阅，从而达到大幅度提高办公效率，方便广大服务对象的目的。

特别是随着有关 QQ、微信等新媒体的广泛应用，机关内部一些会议通知、告知、党务政务公开、文件修改征求意见等都可以通过机关内部信息群进行交流完成，这是最为经济、便捷、安全、可靠的信息手段，且不需专门人员的特别维护。同时，也是 24 小时全天候无人值守，能够随时登录的现代化信息手段，其与固定式门户网站构成完整的政府信息公共平台。

3.1.3 专业信息

这里主要是针对政府部门内部各个组成部门的专门业务信息，如有关法律法规、办事程序、职能、咨询等，通过这些信息，基本掌握部门的主要工作职责。它们是政务信息公开的主要组成部分，也基本反映了具体职能部门的工作水平、状态和能力。

3.2 知识产权业务管理信息

知识产权业务管理信息相对于上述信息更加专业，一般是技术性比较强的业务信息管理系统。如专利、商标申请系统，项目申报系统，查询系统等，这是针对固定化专门业务流程而设计的带有申报、审核、审查、批准、查询等功能的信息系统，是办公信息、办公自动化的重要内容和重要标志，也是政务公开的重要体现。如国家知识产权局、专利局在全国的省会城市专门设立专利事务代办机构，其工作管理涉及专利申请缴费等多个方面，与国家专利局设有专门的信息系统网络。其业务管理信息系统主要功能如下：

一是国家知识产权局专网，包括：

1. 专利电子审批系统（E 系统）

(1)专利申请受理、采集、发文、扫描：接收并审查专利申请文件，进入代办处子系统，根据申请类型建立采集批次，在批次中建立案件，首采人员将申请信息录入后打印申请号条码并粘贴至专利请求书，二采人员再次录入并进行比对，双采一致后进行通知书打印并发文；在第二个工作日进行扫描并上传。

(2)电子申请受理：进入电子申请子系统，选中案件并进入审查，确定专利申请文件符合受理条件后给予审批结论，待系统生成受理通知书及缴费通知书后核对并确认通过。如不符合受理条件，给出不受理结论并选择不受理原因。进入"查询统计"可查询案件受理量。

(3)向外申请保密审查：进入电子申请子系统中的向外申请审查，选中案件并进入审查，确定该专利可以向外申请的给予"同意"结论，否则给予"暂缓"结论。

(4)各类通知书打印：进入对外发文子系统，查看前一工作日及后一工作日发文的所有通知书，下载通知书数据，根据通知书类型按顺序打印通知书，在通知书上加盖代办处业务章并与系统数据核对，无误后归档等待代理机构领取。进入"打印历史查询"可查询打印发文量。进入"重新打印"，可对打印错误的通知书进行重打申请并重新打印。

(5)专利登记簿副本制作：进入查询子系统中的"请求信息采集"，录入请求书中的内容，保存后记录编号，在发文日当天进入"文件副本批量打印"选择发文日并查询全部已制作完成的登记簿副本，点击打印后将文件分类并发放给请求人。进入"请求信息查询"可查询办理量。进入"已采集专利事务办理请求"可修改或删除请求信息。

(6)专利申请优先审查受理：进入代办处子系统中的"优先审查"，进入"优先审查案件采集"录入请求书中内容并保存，进入"扫描上传及查看"将请求文件扫描至系统。进入"修改优先审查案件"对请求进行修改。

(7)专利信息查询：进入查询子系统，输入专利号或者申请人名称可查询专利信息（包括专利发明名称，案件状态，申请人、联系人联系方式，代理信息，费用信息，审批历史，文件信息，通知书，专利登记簿等）。

(8)接收国家知识产权局反馈文件：进入对外发文子系统中的"文件下载"可接受国家知识产权局反馈的文件，进入"文件上传"可直接向国家知识产权局上传批量法律状态证明等文件。

2. 专利合同管理系统

(1)专利实施许可合同备案：进入"许可合同管理"中"合同备案申请表采集"录入相应信息完成受理并打印受理通知书，进入"合同备案申请表采集"录入申请表信息并提交，进入"准予备案"输入备案号并打印备案证明。进入"合同备案变更申请"可进行备案变更并打印变更通知书，在扫描系统中扫描全部文件并上传。进入"备案注销"可对备案进行注销并打印注销通知书。进入"统计与查询"可查询案件数量和统计信息。在"工作交接单打印"中打印交接单与国家知识产权局交接文件。

(2)专利权质押登记受理：进入"质押合同管理"中"质押申请表受理"录入相应信息完成受理并打印受理通知书，进入"质押申请表采集"录入申请表信息并提交，在"上传登记文件"中上传采集完成的案件，在扫描系统中扫描全部文件并上传。在"通知书管理"中查看已审批合格的质押登记通知书并打印。进入"质押变更申请"进行质押登记变更并打印变更通知书。进入"注销申请"对质押进行注销并打印注销通知书。在"统计与查询"中查看案件量和统计信息。

3. 收费系统

收缴专利费用、打印收据及缴费信息查询：接收窗口缴费、邮局汇款缴费、银行汇款缴费后在"业务处理"中选择"数据采集"，分别进入"面交数据采集""邮局数据采集"和"银行数据采集"将缴费信息录入系统中，核对无误后打印收据。其中，邮局和银行业务在当日结账后打印收据。在"工具"中进入"应缴费用信息查询"可查询应缴费用信息。

4. 收费远程收据打印系统

打印远程票据：下载数据后打印网银缴费收据，打印后在"打印收据"中进入"上传数据"打印汇总交接单，在"打印收据"下载自取交接单，在"收据管理"下打印收据使用情况统计表。

收据邮寄：在"收据管理"下，"信封打印"处，选择相应缴费日期和卷号，勾选所有选项后点打印。挂号号扫描，显示是否全部赋值，点击取消按顺序装信封，保存挂号号。

二是外网，包括：

1. 专利事务服务系统

费用减缴备案审批：通过沈阳代办处账号密码登录，在"业务办理"中选择"费减备案审核"，输入备案人名称或证件号查看备案人信息，审核备案信息并与证明文件比对，符合备案条件的给予合格结论，否则为不合格。进入"费减备案统计"查询备案案件量及案件信息。

2. 辽宁政务服务网

专利申请优先审查审批：选中案件进行审查，合格后给予"同意"办理意见，发送到下一环节办理，待完成后在请求书上给予签章。

三是执行司法查控系统，包括：

协助沈阳市中级人民法院反馈被执行人的专利持有状况：通过辽宁省知识产权局账号密码登入查控系统，在"待接收"中选中案件进行接收并打印协查单，根据协查单上提供的被执行人信息，到 E 系统的查询子系统中查询被执行人的专利持有状况并截图，在协查系统"待处理"中进行反馈。在查询反馈中可查询统计案件信息。

3.2.1 知识产权审查信息

国家知识产权局、专利局、商标局等对有关专利、商标等的申请，遵照相关法律法规和业务需要，都专门设计一套信息管理系统，公众或申请人通过身份认证后，可登录该系统开展相关业务办理、缴费、结果查询等。如目前，在国家知识产权网页上可直接登录有关专利申请指南、专利申请、专利审查高速公路（PPH）、专利审查信息查询、专利公布公告查询、专利审查流程公共服务、专利审查投诉平台等，辽宁省知识产权综合服务平台等。

审查信息也是管理信息的一部分。相对于专利、商标、著作权等知识产权申请人而言，更关注的是他的申请工作进行的程度，这是一个政府审查审批职能和管理服务相对人之间的互动交流信息，是一种相对保密的信息系统。通过登录政府门户网站的公共服务平台，实现远距离信息交换，可以提高政府效率，方便公众。

3.2.2 知识产权公开信息

公开信息是政府对社会公众开放的信息系统，是现代社会对现代政府的基本要求，也是现代政府的基本职能和职责，是法律规定的应尽义务。原则上凡属非涉及国家安全的非保密信息，都应采取公开，特别是通过政府门户网站、微信、微博等新媒体，实现即时公开。如有关政府文件、公告、审批结果、证件发放、资金资助、项目申报等。随着法治政府建设的不断深入，政府信息公开将成为公众对政府部门工作的重要监督渠道，考验的是政府公平公正履职的能力和秉公执法、依法行政的能力和自信心。

3.2.3 知识产权检索系统

知识产权检索系统主要是方便国际国内的知识产权信息查询，如对专利进行按行业特征或服务对象等进行分组分类，通过分类标准，使人们能够就某一行业或相近行业的专利、商标等知识产权信息快速确定检索重点。制定检索策略，体现的是专利信息人才的信息捕捉和把握能力。当然，对检索的信息进行技术集成，撰写技术进展报告是专利等知识产权检索的最终目的，也是衡量专利等信息检索人员技术水平的主要标志。技术信息当然是第一需要，但有关法律状态、维持年限、所有权人、审查状态等过程信息也同样重要。当前普遍使用的国际标准分类系统IPC，将专利按行业特征分为A～H八个部，以方便检索和管理。

（1）国际分类标准（IPC，International Patent Classification）。其分为部、大类、小类、大组、小组。

部（Section）：

A～H八个部：A. 人类生活必需品；B. 作业、运输；C. 化学、冶金；D. 纺织、造纸；E. 固定建筑物；F. 机械工程、照明、加热、武器、爆破；G. 物理；H. 电学。

分部（Subsection）：如A部分部：农业、食品与烟草、个人或家用物品、保健、娱乐等。H部无分部。

大类（Class）：部的类号＋2位数字。如A21 焙烤：制作或处理面团的设备；焙烤用面团。A22 屠宰：肉品处理，家禽或鱼的加工。A23 其他类不包括的食品或食料及其处理。A24 烟草、雪茄、吸烟者用品。

小类（Subclass）：大的类号＋1个英文字母。如A21B 食品烤炉、焙烤用机械或设备。A21C 制作或加工面团的机械或设备、处理用面团做的焙烤食品。A21D 焙烤用面粉或面团的处理（如保存）、焙烤、焙烤产品及其保存。

小类索引：小类内容的总括性信息。如使用面团发酵的设备——13/00、处理焙烤食品——15/00。

大组(Maingroup)：小类类号(1~3位数字)+/+00。如A21B1/00食品烤炉。A21B2/00使用音频或红外加热的焙烤设备。A43B5/00运动背包。F17D3/00观测或控制工序的装置。

小组(Subgroup)：小类类号+1—3位数字+/+非00至少两位数字。如A47 L1/00窗的清扫；A47 L1/12同时擦两边的；A47 L1/06手动器具；A47 L1/13有供应液体装置的清洁剂。

(2)欧洲专利局分类系统：ECLA(EPO Classification)与IPC相同。

(3)美国专利局分类系统：大类、小类。大类450个，大类序号为002~987；全部小类15万个。大类号/小类号：385/467。

(4)日本专利分类：FI分类(File Index)在IPC分类下细分，即在IPC小组下细分类，由3位数字组成。如A61 K/083500。

(5)F—term(File forming Term)，用于计算机检索的分类系统。

(6)外观设计分类法也有国际、欧盟(欧洲洛迦诺)、日本等分类标准。

(7)CPC(联合专利分类：Cooperative Patent Classification)，其框架是基于ECLA分类系统。

(8)商标国际分类标准(NICE标准)，将商标分为45种，其中34种为商品类商标，11种为服务类商标。

3.3 知识产权运营信息

有关专利商标等知识产权相关申请授权、法律状态等信息浩瀚无边，是名副其实的海量信息、大数据。这些信息经济技术价值无限，如何挖掘和开发利用这些信息为经济社会发展服务是摆在知识产权工作者面前最紧迫的任务，首要的、最直接的就是运营好这些海量的知识产权信息。

3.3.1 知识产权运营交易平台

国家"十三五"规划明确指出，加强技术和知识产权交易平台建设，建立从实验研究、中试到生产的全过程科技创新融资模式，促进科技成果资本化、产业化。

知识产权(专利)运营是高端服务业，当前迫切需要建立一个连接知识产权拥有者和实施者的平台，让供需双方进行洽谈和交易，这是一个利用市场机制破解知识产权转化难的技术手段、政策手段和市场手段。特别是用好"互联网+知识产权"，可以实现跨传统空间和时间制约的全天候交易。正如股票交易所、各类商品交易所、产权交易所一样，形成开放的、公平的、规范的知识产权交易转化市场，进而发挥市场机制、金融手段等对知识产权资本化、产业化的促进作用。

自 2015 年国家启动专利运营战略，国家级、省市级及民间知识产权运营机构和知识产权运营基金相继成立。据不完全统计，工商备案专利运营机构有 118 家，各类知识产权运营有限公司或基金机构有 472 家，因此，目前已知机构共计 590 余家，而未来国内专利运营机构的数量还将持续增长。近期，16 亿元国家财政资金支持 8 个知识产权运营服务体系建设、6 亿元中央财政服务业发展专项资金遴选第一批电子信息领域高价值知识产权培育运营合作机构等政策引导资金的启动，为已经如火如荼的专利运营市场又注入了新的政策催化剂。专利运营作为大科技服务板块发展最快、关注度最高、价值增长潜力最突出的领域，正在迅速崛起。

国家知识产权运营公共服务平台是基于国家"十三五"规划"加快建设全国知识产权运营交易和服务平台，是建设知识产权强国"的重要工作部署。其是由国家知识产权局牵头，会同财政部共同发起的试点项目，是国家"1+2+N"知识产权运营体系的核心载体，将为专利转移转化、收购托管、交易流转、质押融资、专利导航等提供平台支撑，提高专利运用效益。

国家知识产权运营公共服务平台将以充分实现知识产权的市场价值为指引，积极创新知识产权运营模式服务产品；将以释放知识产权大数据为基础，依托互联网整合知识产权信息资源、创新资源和服务资源，建立以知识产权为重要内容的创新驱动评价体系，逐渐健全知识产权服务诚信信息管理及信用评价制度；将充分发挥重点产业知识产权运营基金作用，支持骨干企业、高校、科研院所协同创新、联合研发，强化创新成果转化运用，加强高技术含量知识产权转移转化。

国家知识产权运营公共服务平台在国家知识产权战略指引下，助力知识产权在供给侧结构性改革中更好发挥出制度供给和技术供给的双重作用，为践行"中国制造 2025"提供知识产权平台支撑。

华智众创（北京）投资管理有限责任公司（简称华智众创）作为两部委唯一授权的国家平台建设运营主体，由国家知识产权局中国专利技术开发公司、知识产权出版社、中国专利信息中心共同出资成立。华智众创秉承"信用为根、服务为本、数据为基"的理念，紧密围绕技术研发人员、企业、政府等各类用户的需求，通过在国家平台上汇聚国内外顶尖专业人才，以最权威、最全面的知识产权全生命周期数据为载体，以知识产权流转全流程的证据留存为保障，借助"互联网+""大数据"等新技术手段，向用户提供差异化、多样性、定制化的高质量知识产权运营服务。华智众创将依托国家平台着力构建以信用社交为根基，以知识产权服务、知识产权平民化、知识产权金融为核心的"四大服务体系"。国家知识产权运营公共服务平台将以北京为中心，以驻国内外常设机构为分支，搭建线上线下协同服务的知识产权运营平台和公开、公正、扁平化的知识产权运营市场。

然而，我国在专利运营领域基础薄弱，与其他快速发展的产业类似，专利运营产业的爆发式发展也出现了如运营模式混乱、盈利模式模糊、从业人员参差不齐等情况，使得专利运营如同扎手的螃蟹，既令人兴奋又无所适从。我国近年来的专利数量增长确实很惊人，首先这是个好事，全世界的同行都在吃惊之余重新认识和定位中国的专利保护和专利产业，专利领域的各类资源和人才都在很明显向中国聚集；同时，专利拥有量的稳步上升为专利运营业务的开展奠定了必要的基础，专利拥有量带来的专利维持成本的压力激增也刺激了专利拥有人进行专利运营的意愿，专利运营的市场环境和业务需求逐渐形成。但是，专利数量的快速增长确实也暴露了不少问题，近期也有很多方面的讨论。至于快速增长期的这批专利的质量问题有多严重，目前并没有确切结果，我们还需要时间等待验证，因为专利本身的质量和市场价值需要在专利行权和使用过程中来验证，这也是专利运营的作用所在。

国家对专利运营重视，是很值得行业人高兴的事，政策引导下可以带来很多的机遇，有利于行业发展；同时，通过对专利运营的关注和讨论，社会和行业对专利的认知有了更客观的态度，比如，对待 NPE(Non Patent Executive，非专利实施主体)的态度更为宽容和务实。NPE 的业务运行都是借助法律赋权，因此，NPE 就像武器一样本身不具有好与坏的属性，主要看这个武器在谁的手里。很遗憾，由于前期国内对 NPE 的舆论和环境封杀，本土 NPE 很难有机会成长，而国外 NPE 却在不断壮大。这是市场的客观存在，我们需要更积极地来面对而不是做鸵鸟。

专利运营机构的兴起总的来说是件好事，一个产业的发展需要有从业数量的基础。同时，专利运营的模式也需要更多的创新和探索。但是，目前看专利运营多数还处在炒作和赶热点的阶段，形式化现象普遍，能沉住气去收集培育运营高价值专利的机构确实不多。同时，政策投机性需求的专利运营，如"买专利报高新"，除违背国家对高新技术企业扶持的初衷挤占了真正的创新企业的政策资源外，也同样影响了正常的专利运营市场的发展，消耗着人们对专利运营行业的预期。试想当国外专利运营机构在忙着抢收高质量中国专利，弥补因早期忽视中国市场而手中无中国专利可用的尴尬时，我们的专利运营机构却在忙着倒腾"授权未领证"专利为企业报高薪而努力，几年后又会有人感叹老外的"狡猾"和"先见之明"。

在专利运营体系规划方面，以专利权保护和法律价值实现为基础，强化专利价值识别和筛选组包业务，着重于从专利收购后的未来收益预期角度进行考量，特别是将能否进行处置变现这一问题也加入评定范围，为多家世界级企业客户提供了专利资产的价值评估和筛选、组包等服务，优化其专利资产结构并提供专利运营方案。同时，通过对传统专利资产评估业务和机构的整合，并积极与新兴金融机构的合作，培育和促进专利质押贷款、专利保险、专利融资等知识产权化金融领域健康发展。

技术和商业的发展需要全球视野，因此，专利运营一定要进行国际化融合。通过与国际一线运营机构的整合，得以快速切入国际专利评估、交易、许可等知识产权一线运营商行列。合作伙伴和客户也可提供丰富的国际市场空间和直接的国际运营信息渠道，其在专利分析、评估、鉴价、交易、许可等方面的诸多案例经验和深厚的专业积淀,更有助于在专利运营领域关键能力的提升。

同时,针对国内、外专利许可交易信息不对称及渠道不畅等问题,实现中国专利运营产业与国际市场的对接。如推出多场国际专利包的全球同步拍卖,包括HP有史以来最大的专利包转让,以及车联网、无线充电、OLED、LTE等领域的核心专利包,单个专利包的委托预期均在2 000万美元左右。

此外,一些"互联网+"方面的知识产权领域的咨询和服务,特别是有关知识产权公共服务平台、自贸区知识产权服务平台等服务企业的经验和积累,以知识产权服务信息化为基础具有很广阔的潜在市场。例如,建立一个服务平台来对接园区内的企业关于专利、商标、著作权等方面的服务。所以,知识产权可以渗透到企业的方方面面,并且从商业的目的决策到产品的技术路线确定。基于这个认识,假如我们在每个地区都建立一个园区服务平台,这些平台就可以形成很大的规模。在这样的体系下,服务机构可以了解到他们需要什么、未来要做什么、研发人员的配置如何、包括人力资源招聘、寻求创投资本的需求都可以在园区内解决。一旦这样有现成供应商的上下游体系形成,就有可能跨界形成一个像阿里巴巴这样的知识产权服务企业。

3.3.2 知识产权权属转移备案系统

这是知识产权专利产业化或者运营体系最为重要的组成部分。除相关法律法规明文要求外,需要一个技术支持与管理系统确保知识产权的权利流转过程可登记、可核查、可跟踪,并伴随其整个转移过程,实现知识产权技术、经济、产业、商业、法律等权利与利益的有序合法流转。这是促进知识产权资本化、产业化、市场化的市场支持系统。如果做得好,将极大加快科技创新成果产权化、资本化、产业化、商业化步伐。目前,涉及国内知识产权权属转移的法定机构为国家及省级专利代办处等业务机构,负责有关登记、备案工作。

关于知识产权权属转移,是一个从开始创意,到申请、审查、公开、授权、发证、产业化等全过程、全链条,每一个环节都可以进行相对应的权利转移。如创意过程可以转让,申请阶段也可以转让,公开阶段可以转让,获取的知识产权证书(专利证书、商标等)可以转让,也可以许可等。目前的知识产权权属转移主要集中在传统的产业化阶段。但现代知识产权权属转让则是从创意开始到最终产业化、商业化阶段的全过程、全链条流转和运营,这是衡量一个国家知识产权管理运用能力及知识产权与经济社会发展结合程度的一个重要标志,也是知识产权市场体系发展状态的主要标志。

3.3.3 知识产权导航

知识产权导航实质是知识产权(专利)信息资源利用和知识产权(专利)分析。知识产权导航是实施创新驱动发展战略,加强知识产权运用、深化知识产权工作的重要举措和关键抓手。做好这项工作，首先要处理好一个关系，即政府和市场的关系。市场起决定性作用，政府建体系、搭平台、推标准、做服务；实现高端和完备两个要求，即只有专业化水平高的服务，才能培育优质专利，优化专利组合，实现专利价值最大化，只有建立完备的服务链条，才能打通从发明创造创意产生到专利转移转化的各个环节，实现专利的交易流转，促进专利运用。

国家知识产权专利导航试点工程主要开展国家专利导航产业发展试验区、国家专利协同运用试点、国家专利运营试点等工作。

试点工程以专利信息资源利用和专利分析为基础，将专利运用嵌入到产业技术创新、产品创新、组织创新和商业模式创新过程，引导和支撑产业科学发展的探索性工作。主要目的是探索建立专利信息分析与产业运行决策深度融合、专利创造与产品创新能力高度匹配、专利布局对产业竞争地位保障有力、专利价值实现对产业运行效益支撑有效的工作机制，推动重点产业的专利协同运用，培育形成专利导航产业发展新模式。它是专利制度在产业运行中的综合作用，也是专利战略在产业发展中的具体实施，更是知识产权战略支撑创新驱动发展战略的具体体现。

试点工程可以发挥专利信息资源对产业运行决策的引导力，突出产业发展科学规划新优势；可以发挥专利制度对产业创新资源的配置力，形成产业创新体系新优势；可以发挥专利保护对产业竞争市场的控制力，培育产业竞争力发展新优势；可以发挥专利集成运用对产业运行效益的支撑力，实现产业价值增长新优势；可以发挥专利资源在产业发展格局中的影响力，打造产业地位新优势。

专利导航案例1

硼化工产生的硼泥是历史遗留的环境问题，几十年来，千万吨废弃污泥堆放，严重污染土壤环境和地下水环境，成为辽宁东部地区污染的老大难问题，也严重制约了辽宁省硼化工产业的发展。通过专利导航技术，发现利用硼泥做路基材料是一项非常实用和有开发前途的技术。

硼泥是工业上利用硼镁矿生产硼砂后排出的废渣，为浅棕色或黄白色粉状固体，其主要的化学组成为 MgO、SiO_2。硼泥呈碱性，pH 值为 9~10，排放之处寸草不生，导致农田碱化、农作物减产，严重者可使农作物绝收；硼泥颗粒较细，水稳定性极差，失去水分后随风飞散，对大气、水源及土壤环境造成极大威胁。

根据硼泥的化学成分，科技人员经过大量的试验，终于在硼泥用作路基材料方面取得了突破，在利用硼泥修建高低等级公路中获得了成功。利用硼泥做路基材料的技术主要有两种，以下我们分别介绍：

技术资料1：

硼泥路面基层材料，以下物质按质量比：水泥 2%~5%、石灰 8%~12%、硼泥

25%～63%、砂土 25%～63%。硼泥路面基层材料的制备方法,包括以下步骤:按上述比例将硼泥与砂土(要求砂土粒径小于 5 mm)混合,同时加入石灰,拌和均匀后加入相应的水泥,再拌和,最后加入指定量的水,得到最大干密度及最佳含水率的混合物。在试验机上成型,按照公路相关规范养生、保水,达到养生期后即可。

试验表明该项技术的使用效果:该技术的水泥石灰稳定硼泥砂土路面基层结构,在高速公路上的应用,完全满足公路工程相关的指标要求,与常规的水泥稳定碎石路面基层相比,修筑后相应的检测报告见表 3-1。

表 3-1　水泥石灰稳定硼泥砂土路面基层检测报告

基层结构	实验室 7 d 强度/MPa	弯沉/0.01 mm	28 d 取芯成型率/%	芯样劈裂强度/MPa
本发明	2.89	68	100	0.79
水泥稳定碎石	2.76	72	86	0.73

这项技术的水泥石灰稳定硼泥砂土的 7 d 强度可达到 1.2～2.2 MPa,可分别满足规范中石灰稳定类和水泥稳定类基层材料的强度要求;其抗冻性能的残留强度比为 75%～90%,有较好的抗冻性;干湿循环试验表明,经过 10 次循环后,强度均较 7 d 强度有所增长,说明该材料具有良好的水稳定性;抗压回弹模量表明,其具有较好的变形性能。如果采用细粒土结构,用石灰稳定硼泥或用水泥石灰综合稳定硼泥,可以解决初期强度低的问题,但同时又出现抗冻性不满足相关规范的问题,这样应用也无法实现。

结论:通过实际工程及后期检测,本技术基层材料能够满足规范的各项要求,具有良好的路用性能。其各项指标均比公路工程中常用的基层结构略高或相当,说明水泥石灰稳定硼泥砂土基层完全可以应用于实际工程中。

技术资料 2:

修建道路路基用硼泥混合料的制备方法,本技术方案道路路基用硼泥混合料,组分包含 75%～90%硼泥(质量);1%～15%石灰(质量);1%～10%水泥(质量)。优选组分包含 80%～89%硼泥(质量);9%～15%石灰(质量);2%～5%水泥(质量)。最佳组分包含 86%硼泥(质量)、10%石灰(质量)、3%水泥(质量)。

这项技术方案提出的道路路基用硼泥混合料施工方法是:

(1)原材料:硼泥、石灰、水泥和水。

(2)将硼泥与石灰进行拌和 3 次后闷料,每次拌和需 1～2 d。

(3)用手推车或装载机或其他传运装置将拌和后的石灰、硼泥再掺入一定比例的水泥一同送入强制式拌合机、自落式拌合机或双转轴浆页式拌合机进行拌和,加少量水拌和均匀后出料。

(4)回路槽摊铺整型碾压。这项技术的有益效果是以硼泥作为道路路基主要材料,选择最佳含量的水泥和石灰类材料，确定组成设计配合比，使用于道路底基层和软土地基换填层，平均每平方千米路面可使用废弃硼泥1 600 t，可节约土地160 m^2；用于道路路基用硼泥混合料的施工方法经济实用，能够达到综合利用硼泥、节约土地、治理环境污染的目的。

以上两种专利技术方案在实践中都得到了应用，并取得了较理想的结果，治理了硼泥污染，获得了较好的经济效益、社会效益和环境效益。

专利导航案例2

北方冬季取暖专利技术导航，通过导航技术发现，低温辐射电热膜采暖专利技术与产品对解决北方冬季取暖，消除大气污染有着非常好的应用前景，应大力推广。

围绕冬季采暖燃煤排放带来环境污染、加重雾霾天气等情况，辽宁省知识产权局组织省知识产权研究所等单位对低温辐射电热膜专利技术与产品进行了调查研究。研究表明，低温辐射电热膜专利技术与产品具有节能环保、低耗高效等特点，对于使用清洁能源替代传统能源，减少或降低雾霾，保护环境具有重要意义，在辽宁省推动以电代煤改造、积极防治大气污染工作中具有广阔的推广前景。

1. 低温辐射电热膜采暖技术概况

通过对电热膜采暖技术领域全面检索查询，共检索到电热膜取暖相关专利2 152件、发明专利601件、实用新型专利1 551件，其中，辽宁省发明专利72件、实用新型专利159件。在辽宁省具有代表性的是由辽宁百盈碳纤维有限公司研制的全新取暖材料——低温辐射电热膜。

这种电热膜具有防水、抗拉、绝缘性好等特点，可以铺设于地面及混凝土内部，既安全牢固，又节能环保。这种膜的核心部分是在低温辐射膜上刷涂了微量元素和稀有金属元素，通电后产生远红外热能，利用建筑内部的实密物体(地面、墙壁、棚面及家具)等，相互吸收热量，对室内均匀加温，达到取暖的效果。

2. 低温辐射电热膜新技术发展情况

电取暖在国外已经应用了几十年，从电阻丝、电加热、导热油、暖气、电锅炉等逐渐发展到目前的低温辐射电热膜，电热转换效率逐步提高。现在国内也只有几家企业生产这种产品，在辽宁省具有代表性的是辽宁百盈碳纤维有限公司。该公司开始从国外引进先进设备和工艺，经过不断创新，用了6年时间在一些关键技术上取得重大突破，研制出具有国际先进水平的碳晶配方和电热膜生产工艺，并已申请8项发明专利和实用新型专利，形成了以一系列核心技术为依托的专利组合。其在全国低温辐射电热膜行业占据一定地位，已成为电热膜供暖系统国家标准编修单位。目前，该公司的低温辐射电热膜产品遍及全国采暖区，安装总面积已经超过百万平方米，经过实地调查，用户反映使用效果较好。

3. 低温辐射电热膜的采暖方式

一是直接制成加热膜铺装，也称为干法供热，利用的是高效率的低温辐射及其对流传导实现供暖。二是利用低温辐射材料的特性制造成高效率加热管，制造系列型号的电锅炉、电供热器，通过热水循环进行供暖，这方便现有热水管道供热单位的电力改造。

4. 低温辐射电热膜采暖技术的优势

(1)不需要投资建设供暖设施，与传统的供暖方式相比较，省去诸多过程。

①不需要建设锅炉房配置锅炉。

②不需要破坏路面开沟挖槽铺设供热管网。

③不需要建设换热站，高层楼宇不需要建加压泵站。

④不需要运煤、储煤、运渣，减少损耗和污染。

⑤不需要建设脱硫除尘设施和昂贵的环保在线监测系统。

⑥不需要专门的维修人员，家庭不用担心暖气片、暖气管道漏水带来的麻烦等。

因此，可以节省大量的基础设施建设费用，降低供暖运行成本；减少环保在线监控系统投资与执法监管，节省大量的行政管理成本。

(2)没有路耗、热损和管网水失，综合效率提高。

①"路耗"即煤炭在运输过程的损耗，煤炭在储存、运输过程中，由于风力等原因会随风流失、抛洒扬尘。据统计，目前在铁路、公路等运输过程中，煤炭损耗率约为 0.8%~1%。

②"热损"即热力在管网输送过程中的损失，一般锅炉的热效率是 70%，造成运行成本较高。而采用低温辐射电热膜取暖由于用户直接取暖，省去诸多环节，所以，整体热转化效率能够达到 99.68%。

③没有管网水失，不会造成跑冒滴漏。一般燃煤取暖每天补水率往往大于总循环水量的 1%。

④没有管网建设、维护等对城市交通及居民生活的干扰，同时节省大量的地下和地面上的宝贵空间。

(3)与传统的燃煤锅炉供暖相比，低温辐射电热膜采暖在运行中具有突出优点。

①操作简单。这种供暖设施具有恒温可调、单室单控、编程控制、集中或远程控制等特点，用户可以变被动的接受供暖为按自家需要主动的取暖，这是供暖技术的革命性转变。

②经济实惠。在建筑保温节能合乎国家规范的相同条件下，节能节约费用效果明显。经测算，煤改电的用户每平方米采暖费用节省 10 元左右。普通家庭一个取暖期大约能节省 1/3 左右的费用，对于机关学校等晚上无须采暖或周末休息的单位，可以调低温度，节约费用会更加可观，可为政府节省大量的经费。

③实现智能化控制。低温辐射电热膜实现了智能化控制，用户不管在家还是在外地，可以自由调节设定需要的温度，把人们的工作生活融入"互联网+"和大数据等发展模式中

去,是一种全新的智能化采暖模式。

④利用清洁能源,降低污染物排放。利用低温辐射电热膜采暖,可以充分利用和发掘辽宁省潜在的风能、光伏能及核能等清洁能源。用户可以节省费用,供电单位可以满负荷生产取得更大的经济效益,减少污染物排放,从而实现用户、生产单位和政府的多赢。

⑤安装施工方便,可以同地板安装、地热安装一样,简单进行地面铺装或墙壁安装,节省空间,供热均匀。

5. 低温辐射电热膜产业的发展前景

低温辐射电热膜采暖行业符合当前形势,符合国家电采暖产业政策。低温辐射电热膜采暖取代传统的燃煤锅炉取暖,对于解决雾霾天气具有积极的促进作用。

在当前全国采暖区大力推广煤改电,节约能源,治理雾霾的大环境下,辽宁省有组合专利支持的相关企业,可以利用专利技术的核心竞争力,迅速占领市场,加快低温辐射电热膜产业的成长和发展。

电采暖在满足人们取暖智能化、舒适性、视觉感佳等要求的同时,也满足了环境保护的迫切需要。这足以说明,电采暖行业的发展前景十分光明。

6. 总结及建议

(1)电采暖行业符合国家产业政策,具有节能环保、低耗高效等特点。

(2)低温辐射电热膜具有夜间储能,昼间释放能量的特性,能充分消纳谷电,利用辽宁省的清洁能源。

(3)对于淘汰落后的燃煤锅炉供暖,减少雾霾天气,改善人民群众的生活条件,具有一定的现实意义。

(4)低温辐射电热膜是科技创新的产物,实践证明,其对推动供暖行业供给侧结构性改革能起到重要作用。

为此建议:

(1)政府有关部门大力推广电采暖相关技术。辽宁省清洁能源比重为28.7%,推广使用低温辐射电热膜技术,可以大力发展和利用风能、光伏能及核电能等清洁能源,实现绿色取暖。

(2)将低温辐射电热膜取暖改造纳入"煤改电"优惠政策序列,会加快新材料、新技术在供暖方式变革上的推广与应用,降低取暖成本。辽宁省虽然出台了优惠电价,但仅针对电锅炉,尚未包含直接电热膜取暖技术。

(3)对于利用低温辐射电热膜采暖改造的项目,参考相关污染治理补助办法,给予环保等专项补助资金支持。

(4)对新建或供热改造的小区及公共设施,不再扩大燃煤集中供热用户,转而采用电热膜供暖技术,逐步淘汰城区燃煤锅炉和管网系统。

综上,以专利技术为支撑的低温辐射电热膜取暖方式,实现了取暖材料创新和方法创新，使群众得到实惠，政府减少了采暖方面总的投入，降低了大气污染，改善了环境，充分体现了社会效益、环境效益和经济效益的高度统一。在辽宁省政府的鼓励和支持下，应加快低温辐射电热膜产业的发展，充分利用当前治霾大环境下的政策优势，引导辽宁省企业不断加强技术创新和自主知识产权的创造与运用，迅速形成一个具有核心竞争力的、具有广阔发展前景的新兴产业，使他们能够走出辽宁，走向全国，走在低温辐射电热膜取代传统采暖模式的技术前列。

第4章 知识产权法律

按照依法治国理念，市场经济首先是法治经济。一切都在法治条件下发展。知识产权是新兴行业，工作起步历史较短，法律法规还不完善，必须继续建立和健全相关法律法规。

4.1 知识产权综合法

当前伴随着知识产权保护与运用工作的不断开展，特别是知识产权强国建设的不断深入，知识产权工作在国内国际经济社会发展中的地位越来越明显。知识产权几乎涉及国民经济所有的行业，但由于行政管理部门分割、职能分散，还没有形成统一协调和监管的知识产权大保护格局。因此，迫切需要一部综合性知识产权法律和规范指导国家的知识产权工作，形成合力，统一协调和监管知识产权各方面工作，整合各部门力量，建立和完善国家知识产权行政执法体系，配套相关刑事司法制度，对涉嫌犯罪的及时移送司法机关处理。同时与现行的行政诉讼法律、行政复议等法律法规相衔接。加强知识产权创造、运用、保护、管理和服务，培育发展知识产权服务业，取消专利代理、价值评估等从业资格限制，释放社会创新活力，形成与知识产权保护大格局相适应的法律法规体系。

4.1.1 知识产权保护法

知识产权保护法是一部关于知识产权工作的综合性法律，其作用如同环境保护法一样，是对所有关于专利、商标、著作权、植物新品种、传统医学知识、地理标志等知识产权创造、运用、保护、管理和服务方面的综合性规定。其明确、统一、协调和监管部门及专业管理部门，确定行政执法体系建立的原则及与司法部门案件移送等程序，确定县级以上人民政府知识产权行政管理部门统一监管知识产权保护工作，专利、商标、著作权、海关、农业、质检等相关部门在各自的职责范围内做好相应的知识产权保护工作。同时，规定和设定行政执法范围和权限，对依法做出的行政处罚不服的当事人可以申请行政复议，对复议结果不服的可以向人民法院起诉。行政机关在执法过程中，发现涉嫌违反法律的，及时移送司法机关处理。知识产权保护法对涉及专利法、商标法、著作权法等专门法律，进行原则性规定，并与知识产权相关法律如刑法、行政诉讼法等相衔接。

4.1.2 知识产权相关法

知识产权相关法这里主要是指刑法有关条款,如刑法中第三章"破坏社会主义市场经济秩序罪"中有关知识产权方面的法律规定。其中第七节"侵犯知识产权罪"主要涉及:

第213条【假冒注册商标罪】:"未经注册商标所有人许可,在同一种商品上使用与其注册商标相同的商标,情节严重的,处三年以下有期徒刑或者拘役,并处或者单处罚金;情节特别严重的,处三年以上七年以下有期徒刑,并处罚金。"

第214条【销售假冒注册商标的商品罪】:"销售明知是假冒注册商标的商品,销售金额数额较大的,处三年以下有期徒刑或者拘役,并处或者单处罚金;销售金额数额巨大的,处三年以上七年以下有期徒刑,并处罚金。"

第215条【非法制造、销售非法制造的注册商标标识罪】:"伪造、擅自制造他人注册商标标识或者销售伪造、擅自制造的注册商标标识,情节严重的,处三年以下有期徒刑、拘役或者管制,并处或者单处罚金;情节特别严重的,处三年以上七年以下有期徒刑,并处罚金。"

第216条【假冒专利罪】:"假冒他人专利,情节严重的,处三年以下有期徒刑或者拘役,并处或者单处罚金。"

第217条【侵犯著作权罪】:"以营利为目的,有下列侵犯著作权情形之一,违法所得数额较大或者有其他严重情节的,处三年以下有期徒刑或者拘役,并处或者单处罚金;违法所得数额巨大或者有其他特别严重情节的,处三年以上七年以下有期徒刑,并处罚金:

(一)未经著作权人许可,复制发行其文字作品、音乐、电影、电视、录像作品、计算机软件及其他作品的;

(二)出版他人享有专有出版权的图书的;

(三)未经录音录像制作者许可,复制发行其制作的录音录像的;

(四)制作、出售假冒他人署名的美术作品的。"

第218条【销售侵权复制品罪】:"以营利为目的,销售明知是本法第217条规定的侵权复制品,违法所得数额巨大的,处三年以下有期徒刑或者拘役,并处或者单处罚金。"

第219条【侵犯商业秘密罪】:"有下列侵犯商业秘密行为之一,给商业秘密的权利人造成重大损失的,处三年以下有期徒刑或者拘役,并处或者单处罚金;造成特别严重后果的,处三年以上七年以下有期徒刑,并处罚金:

(一)以盗窃、利诱、胁迫或者其他不正当手段获取权利人的商业秘密的;

(二)披露、使用或者允许他人使用以前项手段获取的权利人的商业秘密的;

(三)违反约定或者违反权利人有关保守商业秘密的要求,披露、使用或者允许他人使用其所掌握的商业秘密的。

明知或者应知前款所列行为,获取、使用或者披露他人的商业秘密的,以侵犯商业秘密论。

本条所称商业秘密，是指不为公众所知悉，能为权利人带来经济利益，具有实用性并经权利人采取保密措施的技术信息和经营信息。

本条所称权利人，是指商业秘密的所有人和经商业秘密所有人许可的商业秘密使用人。"

第220条【单位犯侵犯知识产权罪的处罚规定】："单位犯本节第213条至第219条规定之罪的，对单位判处罚金，并对其直接负责的主管人员和其他直接责任人员，依照本节各该条的规定处罚。"

4.1.3 知识产权管理制度

如公安机关受理行政执法机关移送刑事案件的有关规定等与知识产权相关的行政法规等，这些都是与知识产权保护有关的相关法规，需要与知识产权法很好地衔接，相互补充，最大限度发挥有关法律法规保护知识产权的专门作用，降低行政和执法成本。

当然随着知识产权保护工作的不断深入，高法高检还会陆续出台司法解释，进一步加强知识产权保护，要完善知识产权保护相关法律法规，提高知识产权审查质量和审查效率；要加快新兴领域和业态知识产权保护制度建设；要加大知识产权侵权违法行为惩治力度，让侵权者付出沉重代价；要调动拥有知识产权的自然人和法人的积极性和主动性，提升产权意识，自觉运用法律武器依法维权。

专利丛林指相互交织在一起的知识产权组成的稠密网络，一个公司必须披荆斩棘穿过这个网络才能把新技术商业化。这种穿越丛林才能实现商业化的困难，产生了专利使用不足的问题，从而导致社会资源的浪费。分析法学上，将财产权定义为由许多项权利组成的权利束。其中最基本的两项权利是排他权利和使用权利。美国经济学家迈克尔曼把财产权分为三种形式：A. 公地（Commons），多个权利人对某个客体享有使用权，但不享有排他权；B. 个人（Private）财产权，一个权利人对某个客体享有使用权、排他权；C. 反公地（Anti-commons）财产权，多个权利人对某个客体享有排他权，但不享有使用权。个人财产权是典型的一般意义上的财产权，公地财产权是常见的财产权形态，如共有、建筑物区分所有权中公共部分的财产权等。反公地财产权是对应"有权使用而无权排他"的公地财产权，从逻辑上可以导出"有权排他而无权使用"的反公地财产权。从经济学上分析，公地财产权可能导致过度放牧、环境污染等"公地悲剧"，反公地财产权会导致使用不足的"反公地悲剧"。如美国拜杜法案（Bayh-dole act）改革对生物医学产品开发的影响。改革前，联邦政府资助大学或科研单位开展市场前研究的结果，可作为公共知识由人们免费共享。改革后，由政府资助的大学或研究单位对其研究成果申请专利保护而取得专利权，从事市场开发的企业不再能够免费使用。由于企业需要与突然出现的许多专利人谈判来取得授权，才能从事产品开发，而从事科研的技术人员往往缺少对市场的理解而过高估计专利价值，导致生物医药领域的专利技术使用不足，产生所谓公地悲剧。

创新是引领发展的第一动力，法治是发展的重要保障。要善于发挥法治对创新的引领、支撑作用，坚持加强知识产权保护、尊重契约自由、保护诚实守信的原则，依法平等保护各类市场主体合法权益，努力营造公平、公正、透明、稳定的法治环境，最大限度激发社会的创造活力。充分认识非公有制经济在促进增长、推动创新、扩大就业等方面的重要作用，依法保护非公有制企业的财产权，依法惩治侵犯合法权益的违法犯罪活动，为其健康发展提供有力的司法保障。总结设立知识产权法院的成功经验，完善知识产权案件审理机制，探索运用简易程序审理简单的知识产权案件，研究知识产权市场价值的司法认定办法，加大对知识产权侵权行为惩治力度，防止权利人赢了官司、丢了市场。严格区分罪与非罪的界限，坚持查办案件和规范行为，采取强制措施和保障合法权益、惩治犯罪和挽回损失并重，防止因执法办案不当加剧企业生产经营困难。

4.2 知识产权专门法

知识产权专门法主要涉及现有的专利、商标、著作权等法律法规，在知识产权综合法框架和体系内，就某一项知识产权进行详细的规定，如现行的专利法、商标法、著作权法及其他专门法等。

4.2.1 专利法

现行的专利法是根据2008年12月27日第十一届全国人民代表大会常务委员会第六次会议《关于修改〈中华人民共和国专利法〉的决定》第三次修正的版本。主要分为总则，授予专利权的条件，专利的申请，专利申请的审查和批准，专利权的期限、终止和无效，以及专利实施的强制许可，专利权的保护，附则等八章。

由于当时知识产权保护现状和经济社会发展的局限，现行的专利法基本上是一个有关专利申请审查授予的法律，涉及保护和法律运用方面明显弱化，同时还存在行政执法与司法处置的衔接职责界限模糊等，迫切需要加强有关法律保护方面的内容。如第60条规定，未经专利权人许可，实施其专利，即侵犯其专利权，引起纠纷的，由当事人协商解决；不愿协商或者协商不成的，专利权人或者利害关系人可以向人民法院起诉，也可以请求管理专利工作的部门处理。管理专利工作的部门处理时，认定侵权行为成立的，可以责令侵权人立即停止侵权行为，当事人不服的，可以自收到处理通知之日起15 d内依照《中华人民共和国行政诉讼法》向人民法院起诉；侵权人期满不起诉又不停止侵权行为的，管理专利工作的部门可以申请人民法院强制执行。进行处理的管理专利工作的部门应当事人的请求，可以就侵犯专利权的赔偿数额进行调解；调解不成的，当事人可以依照《中华人民共和国民事诉讼法》向人民法院起诉。这里应该明确由专利管理部门处理，对处理不服的可以申请复议，对复议不服的可以向人民法院起诉等。

4.2.2 商标法

现行的商标法是根据2019年4月23日第十三届全国人民代表大会常务委员会第十次会议《关于修改〈中华人民共和国建筑法〉等八部法律的决定》第四次修正的。其共分总则，商标注册的申请，商标注册的审查和核准，注册商标的续展、变更、转让和使用许可，以及注册商标的无效宣告，商标使用的管理，注册商标专用权的保护，附则等八章。

商标法规定经商标局核准注册的商标为注册商标，包括商品商标、服务商标和集体商标、证明商标；商标注册人享有商标专用权，受法律保护。

4.2.3 著作权法及其他专门法律法规

为保护文学、艺术和科学作品作者的著作权及与著作权有关的权益，鼓励有益于社会主义精神文明、物质文明建设的作品的创作和传播，促进社会主义文化和科学事业的发展与繁荣，根据宪法制定《中华人民共和国著作权法》。现行的著作权法是1990年9月7日第七届全国人民代表大会常务委员会第十五次会议通过。根据2001年10月27日第九届全国人民代表大会常务委员会第二十四次会议《关于修改〈中华人民共和国著作权法〉的决定》第一次修正。根据2010年2月26日第十一届全国人民代表大会常务委员会第十三次会议《关于修改〈中华人民共和国著作权法〉的决定》第二次修正。

著作权法主要包含总则，著作权，著作权许可使用和转让合同，出版、表演、录音录像、播放，法律责任和执法措施，附则六章。作品包括文学、艺术和自然科学、社会科学、工程技术等作品。即1. 文学作品；2. 口述作品；3. 音乐；4. 戏剧、曲艺、舞蹈、杂技艺术作品；5. 美术、建筑作品；6. 摄影作品；7. 电影作品和以类似摄制电影的方法制作的产品；8. 工程设计图、产品设计图、地图、示意图等图形作品和模型作品；9. 计算机软件；10. 其他作品。

此外，还有植物新品种、地理标志、集成电路布图设计（拓扑图）、未被披露信息（商业秘密）、标准、特定领域知识产权（遗传资源保护开发和利用制度、传统知识保护、民间文艺保护等）、《计算机软件保护条例》、集成电路布图设计、知识产权海关保护条例、展会知识产权保护办法等相关知识产权管理法律法规。

对不同的知识产权其保护期是不同的，如注册商标有效期10年，可续展10年。品种权保护期：藤本植物、林木、果树和观赏树木为20年，其他植物15年。

另外，有关国防专利等，考虑到其军事及国家秘密的要求，都制定有专门的国防专利条例。有关促进中、小企业发展的《中华人民共和国中小企业促进法》（2002年6月29日第九届全国人大常委会第二十八次会议通过，2017年9月1日第十二届全国人大常委会第二十九次会议修订），第19条、35条对知识产权也做出了相关规定。第19条规定，国家完善担保融资制度，支持金融机构为中小企业提供以应收账款、知识产权、存货、机器设备等为担保品的担保融资。第35条规定，国家鼓励中小企业拥有自主知识产权的技术和产品，规范内部知识产权管理,提升保护和运用知识产权的能力。鼓励中小企业投保知识产权保险。减轻中小企业申请和维持知识产权的费用负担。

还有《中华人民共和国反不正当竞争法》《中华人民共和国消费者权益保护法》《中华人民共和国产品质量法》《中华人民共和国著作权法实施细则》等都直接或间接涉及相关知识产权方面的创造、保护、运用、管理和服务。

4.3 国外知识产权法

国外知识产权法律法规建立得比较早并且成熟、系统,加入世界贸易组织后,我国很多有关知识产权法律法规和管理实践开始基本上都是借助国外特别是美国、欧洲等发达国家的经验和做法。随着我国市场经济制度的进一步完善,具有中国特色的知识产权法律法规体系才逐步形成。

4.3.1 世界知识产权组织及其他国际组织知识产权法

世界知识产权组织(WIPO)、欧洲专利局(EPO)、非洲地区工业产权组织(ARIPO)、非洲知识产权组织(OAPI)、欧亚专利局(EAPO)等相关国际和地区组织都有相应的知识产权法律法规。

如与贸易有关的知识产权协议(Trips)、保护工业产权巴黎公约、专利合作条约(Patent Cooperation Treaty,PCT)等。1970年缔结的专利合作条约,规定申请人只要提交一件国际专利申请,即可在为数众多的国家中的每一个国家同时要求对发明进行保护。此申请可由所属缔约国国民或居民的任何人提交。

例如,《欧洲专利公约》、《专利和工业品外观设计哈拉雷议定书》(哈拉雷议定书)、《与非洲知识产权组织的创造有关的班吉协定》、《欧亚专利公约》等。

4.3.2 美国知识产权法

美国是最早实施专利法律的国家之一,国会通过对专利法等相关法令的制定和修改对专利进行行政管理。现在的行政机构为美国专利商标局(USPTO),承担相关的专利行政执法,承担实行相关法令的职能。对专利商标进行审查、授权、公开,管理专利事务,保管专利信息,向决策机构提出有关的意见和建议。除行政管理体系外,美国给一批行政机构授予了专利行政执法职能,建立起分散、全面的专利行政执法体系。美国专利行政执法体系具有各体系分工协作、保持体系多层次一体化特色。国家知识产权协作中心、知识产权执法委员会办公室、司法部知识产权处、美国贸易代表办公室、美国国际贸易委员会和海关边境保护局分工明确,共同构成了美国的专利行政执法体系。为了加强知识产权执法的协调,美国于2008年10月13日通过了《知识产权执法法》,之后于2012年6月2日由白宫制定发布了《知识产权联合战略计划》，设立了由总统直接任命的知识产权执法协调专员，组织了跨联邦机构的"知识产权执法联系小组"，统一协调美国联邦政府机构的知识产权执法。它最引人注意的是美国"337调查"及"301调查"。"337条款"主要由美国国际贸易委员会发现任何人将其拥有或其代理的侵犯美国专利权的产品进口到美国或在美国销售的不公正行为进行处理。与"337条款"不同的是，"301条款"主要由美国贸易代表认定未能充分保护美国专利权的外国或拒绝依赖专利权保护的美国人公平进入其市场的外国人的名单，进而根据名单进行处理。

"337调查"是美国国际贸易委员会按照美国《1930年关税法》就涉及侵权的进口产品展开的行政调查。

美国"337条款"是美国《1930年关税法》第337节的简称，现被汇编在《美国法典》第19编1 337节。"337条款"的前身是《1922年关税法》的316条款，后经修改的《1930年关税法》第337条而得名。自此以后，美国历次贸易立法不断对该条款加以修正与发展。对确定现行"337条款"的实体架构与程序运作影响最大的是：《1988年综合贸易与竞争法》(Omnibus Trade and Competition Act)和《1995年乌拉圭回合协议法》(Uruguay Round Agreement Act)对《美国法典》第28编的修订。该条款成为美国重要的贸易保护手段之一。

"337条款"规定：美国国际贸易委员会如发现货物所有者、进口商或承销商及其代理人将货物进口到美国或在美国销售时使用不公平竞争方法和不公平行为，威胁或效果是摧毁或严重损害美国国内产业，或阻碍该产业的建立，或限制或垄断美国的贸易和商业；或者将货物进口到美国，或为进口到美国而销售，或进口到美国后销售，而该种货物侵犯了美国已经登记的有效且可执行的专利权、商标权、版权或半导体芯片模板权，并且与这4项权利有关的产品有已经存在或在建立过程中的国内产业，则这些不公平竞争方法将被视为非法，美国应予以处理。

以上规定根据不公平行为的性质设立了两套标准：

(1) 如果不公平贸易行为侵犯了美国法律保护的版权、专利权、商标权、半导体芯片模板权，则申诉方只需证明美国存在相关的产业或正在建立该产业，有关不公平贸易行为即构成非法，而不是以其对美国产业造成损害为要件。在判定美国是否存在该产业时，"337条款"规定的标准是：在厂房和设备方面的大量投资；劳动力或资本的大量投入；或在产业开发方面的大量投资，包括工程、研发或许可。

(2) 如果不公平贸易行为未侵犯上述4项权利，则申诉方必须证明：①美国存在相关产业或该产业正在建立过程中；②此种不公平贸易行为的影响或趋势是摧毁或实质性损害该国内产业或阻碍了产业建立，或是限制或垄断了美国的贸易和商业。

从"337条款"实践来看，绝大多数案件都涉及知识产权而非一般的不公平贸易行为。

"337条款"的主要内容是："如果任何进口行为存在不公平竞争方法或者不公平做法(主要指侵犯美国版权、专利权、商标权和实用新型设计方案等知识产权)，可能对美国产业造成抑制，ITC可以应美国国内企业的申请进行调查。"

美国《1930年关税法》"337条款"的立法目的在于防止美国产业因进口产品的不公平的竞争而遭受损害，特别是在知识产权方面。

适用"337条款"的实体要件如下：

(1)法定保护对象：版权、专利权、注册商标、掩膜作品。

(2)这些不公平竞争方法或者不公平做法的主体既包括所有人、进口商或者承销人，也包括上述主体的代理人。

(3)存在相关的美国产业。

(4)存在不公平竞争方法或者不公平做法。

(5)对美国的相关产业或贸易造成了破坏或破坏的威胁。

"337条款"的分类如下：

"337条款"将美国进口中的不正当贸易分为两类：一般不正当贸易和有关知识产权的不正当贸易。

(1)一般不正当贸易做法指所有人、进口商或承销商将产品进口到美国，或进口后销售过程中的不正当竞争方法和不正当行为。但其构成非法须满足两个条件：一是美国存在相关行业或该行业正在建立过程中；二是其损害达到了一定程度。

(2)有关知识产权的不正当贸易，指所有人、进口商或承销商向美国进口，为进口而买卖或进口后在美国销售属于侵犯了美国法律保护的版权、专利权、商标权、集成电路布图设计权的产品的行为。只要美国存在与该产业相关的行业或正在建立该行业，有关知识产权的不正当贸易做法即构成非法，而不以对美国产业造成损害为要件。

美国"337调查"是指美国针对进口贸易中不公平的竞争行为，主要是知识产权侵权采取的一种措施。美国"337条款"调查可以由厂商向ITC提起，也可以由ITC自行发动。遭遇337调查的企业一旦被裁决侵犯了申请人在美国有效的知识产权，被诉企业将面临驱逐令和制止令。相关程序如下：

(1)立案。美国国际贸易委员会通常根据申诉决定立案，很少自行决定立案。收到申诉后，美国国际贸易委员会将指定不公平进口调查办公室(Office of Unfair Import Investigations，OUII)中的内部律师调查申诉背景并决定申诉是否符合美国国际贸易委员会的程序性规定。美国国际贸易委员会官员还可以与被诉方进行联系以确定在调查中是否可以从被诉方处获得信息及申诉方的诉求是否有事实根据。这一过程时限为30 d。一旦美国国际贸易委员会决定立案，将发布公告并将申诉书和公告副本送达起诉方所指的被告，随后美国国际贸易委员会将委派一名行政法官(Administrative Law Judge，ALJ)负责案件调查和初步裁决并提出救济措施的建议。同时，不公平进口调查办公室的一名内部律师也将作为单独一方，代表公共利益全程参加调查。

立案后的45日内必须确定终裁的目标时间，美国国际贸易委员会应在尽可能短的时间内完成调查，通常案件需要在1年内做出终裁。

(2)应诉。美国国际贸易委员会发布启动调查公告起20 d内为应诉时间，应诉方以书面方式应诉。需要注意的是，如果起诉方在起诉中同时提出了采取临时救济措施的申请，则被诉方必须在申请送达 10 d 内对此做出反应并正式应诉，否则视为同意此申请。如无正当理由未能按应诉规定应诉则被视为放弃抗辩，美国国际贸易委员会可以应起诉方要求立即采取救济措施。

（3）披露。披露程序也就是各当事方获得信息、收集证据的过程，披露方式包括书面证词、书面质询、出示书证、请求承认等。由于此类调查的时间比较紧，如果调查过程为 1 年，整个披露程序必须在 5 个月内完成。披露过程中，行政法官可召开会议，处理各种申请事项或要求获得更多信息。对于不按要求提供信息的，美国国际贸易委员会可给予制裁。

（4）听证。披露阶段结束后的 1 个月为听证准备阶段，听证会可持续 1 d 至几个星期。

（5）裁决。听证会后，各方有最多 1 个月的时间准备供行政法官裁决时考虑的证据和材料。行政法官有约 60 d 时间对听证会当中提交的文件和证据进行考虑并准备作出初步裁定上报美国国际贸易委员会。行政法官的裁决包括被诉方是否违反了"337 条款"，并规定被诉方如希望在总统审查期间继续进口需缴纳的保证金数量。如果案件不涉及上述 4 种知识产权，行政法官还须裁决国内产业是否受到了损害。同时，行政法官还会就救济措施提出建议。

各方可以就行政法官的裁决提出申诉，请求美国国际贸易委员会进行复审。美国国际贸易委员会可以接受或拒绝复审申请，也可主动决定复审。不提出申请则意味着放弃今后任何上诉的权利。如果美国国际贸易委员会决定对裁决进行复审，将会就复审范围和问题作出具体规定。如果美国国际贸易委员会不进行复审，则行政法官的裁决在上报美国国际贸易委员会 45 d 后成为美国国际贸易委员会的裁决。

如果美国国际贸易委员会裁定有违反"337 条款"的行为，会将其裁决及其依据呈交总统。总统可以在 60 d 内出于政策原因否决美国国际贸易委员会的裁决。一旦总统同意，则美国国际贸易委员会的裁决成为最终裁定。

（6）上诉。对于最终裁定的上诉由联邦巡回上诉法院负责审理，各方必须在做出最终裁定 60 日内提出上诉。

（7）争端。1987 年 4 月，欧共体就美"337 条款"违背关贸总协定第 3 条关于国民待遇的规定要求与美国进行磋商。磋商失败后，关贸总协定于 1988 年 1 月设立专家组。1989 年 11 月，关贸总协定通过专家组报告认定"337 条款"违背了美国在关贸总协定中给予进口产品国民待遇的义务。美国在 1995 年乌拉圭回合协议法中再次对"337 条款"进行了修订，以使其符合世贸组织规则。但欧共体仍然认为修改后的"337 条款"并未消除 1989 年专家组报告中认定的主要不符点而且进一步违反了与贸易有关的知识产权协定。2000 年 1 月，欧共体再次要求与美国就"337 条款"进行磋商。

策略：

美国正在进行的 27 项"337 调查"中绝大多数都是针对亚洲国家，尤其是中国、马来西亚、日本。其中，我国大陆涉案 10 起，我国台湾涉案 8 起。从以上数字可以看出，我国已成为美国"337条款"最大的受害者。

究其原因，主要是我国对美国出口以劳动密集型加工产品为主，主要包括纺织品、服装、鞋、玩具、家用电器和箱包等。我国之所以在这些商品上占有美国市场，一个很大的原因是各个新兴工业化国家，在从生产劳动密集型工业制成品向生产资本和技术密集型工业制成品的经济结构过渡过程中，将这些产品的生产基地逐渐转移到中国。而中国作为世界上最大的廉价劳动力提供者，在这些商品生产上具有比较优势。但是，在这些出口到美国的工业制成品中，有很大部分是缺乏自主知识产权而通过仿制或进行贴牌（OEM）等生产出来的产品，很容易被美国知识产权权利人根据关税法"337条款"以侵犯知识产权、进行不公平竞争为由向美国国际贸易委员会进行起诉。这些指控一方面会影响我国企业对美国市场的出口、扩展市场占有率，另一方面，美国国内企业也可以不断利用"337条款"作为一种比较隐蔽的非关税壁垒手段打击中国的竞争者。

针对以上情况，国内企业可以从以下几方面着手，保护自身利益，避免遭受损失：

(1)提高对"337条款"的认识和理解，防范风险。出口企业应避免侵犯他人的知识产权，尤其是以OEM、ODM方式出口的外贸企业，应注意下单的外商是否拥有该产品的商标、专利、著作权等权利的证明文件。若外商既非权利人又无适当的授权证明文件，则应考虑法律风险，应在合同中订立任何有关侵犯知识产权的情况都应由该外商负责并赔偿己方损失的条款。

(2)一旦涉案，要积极及时应诉。在被美国厂商起诉时，我国企业应及时、主动应诉。企业可委托在商标和专利权方面有特长的律师事务所，积极搜集证据，参加应诉，积极抗辩，如证明对方知识产权无效等，以争取胜诉。

(3)寻求达成和解。为避免失去美国市场的损失，在权衡利弊的情况下，必要时可考虑支付赔偿金与美国企业达成和解。

(4)救济措施。

①排除令(In Rem Exclusion Orders)："337条款"最主要的救济方法就是排除令，即禁止货物进口到美国。这种排除令可以仅针对被诉方的产品，也可以针对所有侵权产品，非当事方生产的也不例外。此种救济方式只对终裁后进口的货物有效。如果进口商不顾美国国际贸易委员会的书面警告继续试图进口该产品，美国国际贸易委员会可以发布命令，扣留并没收货物。

②临时排除令(Temporary Exclusion Orders，TEOs)：在调查期间，如果美国国际贸易委员会认定有理由相信存在违反"337条款"的行为，可以发出临时排除令。临时排除令应在立案后90 d内发出，特殊情况下可延长60 d。临时排除令在实践当中很少使用，因为美国国际贸易委员会对此有很高的证据要求，为防止滥用，美国国际贸易委员会还要求起诉方在得到临时救济前必须缴纳保证金。

③停止令(Cease and Desist Orders)。停止令可以替代排除令或临时排除令，或与前者同时采取。停止令的目的是在不禁止产品进口的情况下打击某些不公平行为。禁止令要求

被诉方改变被裁定为非法的行为或做法,并且在某些情况下禁令可以用于在美国国际贸易委员会裁定违反"337条款"之前进口的产品。美国国际贸易委员会曾发布过要求公司停止侵犯知识产权、停止某种营销手段及停止某些反竞争行为的命令。

需要指出的是,在决定采取救济措施之前,美国国际贸易委员会必须考虑救济措施对公共利益的影响,如公共卫生、竞争状况、消费者利益等。

美国国际贸易委员会还有权对未遵守停止令的被诉方进行民事处罚,罚金最高额为10万美元/日或进口产品国内价值的2倍。这种措施也很少采用。在可擦除编程只读存储器(Certain Erasable Programmable Read Only Memories,EPROMs)案中,美国国际贸易委员会对违反停止令的被诉方罚款高达260万美元。另外,如当事方之间达成和解,美国国际贸易委员会将发出允许令并保留执行协议的权利。在含墨携带材料(Certain Carrier Materials Bearing Ink Composition To Be Used In a Dry Adhesive-free Thermal Transfer Process)案中,美国国际贸易委员会对违反允许令处以了10万美元的罚款。美国国际贸易委员会给予金钱处罚的权利成为保证美国国际贸易委员会指令得到执行的有力工具。

关于"301条款",美国总统特朗普2017年8月14日在白宫签署行政备忘录,指示美国贸易代表(USTR)根据"301条款"来审查中国是否存在不合理和歧视政策会损害美国知识产权、技术革新和发展。如果中国被判定出现了严重并且持续的关于知识产权的盗用问题,USTR会与政府部门和咨询委员会协商去决定是否需要发动正式调查以及采取何种行动。之后美元指数稍微上涨,三大股指略上扬,金价下跌。

特朗普提到的"301条款"是美国在自1974年颁布的贸易法以来形成的一系列贸易保护相关法律,由其第301节而得名。借此条款,美国通过单方对"不公正"和"不公平"贸易待遇的界定,以此来保护美国知识产权和投资利益,进而扩大外国对美国开放产品和服务市场的广度和深度。"301条款"内容可分为"一般301条款""特别301条款"及"超级301条款"。一般301条款即狭义301条款,提供了基本内容程序框架,指出在美国贸易代表认定不公平贸易情况下,可以采取以下报复措施:①终止原贸易协定的适用;②对该国商品施加关税或实施其他进口限制;③迫使该国订立有约束力的条约。而特别301条款是将其效力延伸至知识产权保护和知识产权市场准入的条款。超级301条款则主要针对贸易自由化重点国家。

在白宫公布的Fact Sheet中,对中国进行了以下指责:①根据美国国家亚洲研究局的报告,中国国家政策会让中国盗取美国的知识产权,并从中获得了巨大的利润,在某些情景下强迫美国企业去转移技术,如中国利用合伙制企业、股权要求等限制以及不透明的行政审批胁迫美国企业进行技术转移。②中国进入美国商业的电脑网络系统,甚至盗取美国公司的商业信息。③根据美国国土安全局,在被查封的流入美国的伪造商品中有88%都来自中国内地和中国香港。④根据美国商会,有86%的伪造商品来自中国内地和中国香港,并且,有12.5%等额的中国出口产品是伪造的。⑤政府认为知识产权的盗取直接损害了美国经济和劳动者,使美国经济产生了数千亿美元的损失。根据知识产权委员会做的预算,美国在知识产权被盗取上的成本每年高达6 000亿美元，而中国占其中50%～80%。⑥在2014年知识产权密集的总共81个行业里，直接和间接可以产生4 550万个工作岗位，占比美国全部工作岗位的29.8%。美国经济和劳动力市场很依赖美国的技术革新和生产率，大范围持续的知识产权被盗取严重影响了美国经济。

对此，中国商务部做出回应，希望美贸易代表要尊重客观事实，慎重行事。如果美方不顾事实，不尊重多变贸易规则而采取损害双方经贸关系的举动，中方绝不会坐视，必将采取所有适当措施，坚决捍卫中方合法权益。美方的任何贸易保护主义做法必将损坏双边经贸关系及双方企业利益。

美国历史上曾对中国动用五次"301条款"，均以谈判协商收尾。中美在知识产权方面的争端由来已久，在1990年美国就将中国升级列为"重点观察国家名单"，并分别在1991年4月、1994年6月以及1996年4月3次使用"特别301条款"对中国知识产权实施"特别301调查"（分别历时9个月、8个月、2个月），最终通过谈判分别达成了3个知识产权协议。除知识产权调查外，1991年10月，美国还对中国发起了市场准入的"301调查"，为期12个月，主要针对中国对美国商品进入中国市场设置不公平壁垒问题，在1992年谈判达成协议。2010年10月，美国针对中国清洁能源政策措施启动"301调查"，最终通过谈判达成合意。

通过对历史中"301调查"的结果整理来看，调查的结果几乎都是通过与美国磋商和谈判，最终达成协议或妥协，而美国总统最终执行报复性措施较少。而美国也多次利用"301条款"使自己在谈判博弈中占据优势。

基于美国对中国的预调查是在知识产权及科技方面，如果预调查结果不乐观，对在美的中国科技公司及和美国科技公司有较多往来的公司会产生较大的影响。

美国USTR对中国进行"301调查"，其中，"301条款"的基本程序包括：①发起调查；②调查发起后的磋商；③贸易代表的裁定；④措施的实施；⑤对外国的监督；⑥措施的修正与终止；⑦信息的请求；⑧执行。而针对知识产权领域的"特别301调查"，大致程序基本一致：贸易代表应在收到申诉45 d内决定是否发起一项调查，并在调查发起后6个月（复杂案件可9个月）内做出决定，贸易代表在决定后30 d内采取强制报复行动。

但现在仍在第一阶段之前的一个初步程序，距离发起正式调查还需一段时间。一般发起调查有两种方式：一是利害关系人提出请求，二是贸易代表自发提出。现在是由总统提议，贸易代表将展开预调查，如果证实并非总统偏见，将会由贸易代表提出发起调查。从以往来看一般情况下调查流程需要7～10个月，对中国科技公司的影响也难以在短期内出现。从是否正式调查到调查结果以及施行反制措施这中间变数依旧很多，现在看来对中国高科技产业及公司的影响有限。

美国总统特朗普在现在国内、国际形势如此的状况下走这一步棋，一是因为特朗普上台后新政迟迟没有进展，美国国内对他的支持率快速下跌。为了兑现其竞选时的承诺，增加民众支持率，转移国内矛盾，特朗普发展对华贸易预调查。但商人背景的特朗普不会轻易打破中美的贸易关系，因为他深知中美贸易战争一旦开展，对中美经济均会形成很大的冲击，造成"双输"的局面。特朗普更想要的是通过贸易指责来获得美国在中国的权益。

在报告《对华贸易制裁会伤到谁？——特朗普人事班子系列研究之一》中，我们强调，虽然贸易保护在一定程度上减轻了与受影响进口品直接竞争的行业和工人的压力，但施加关税一般会带来紧缩性影响，减少整个经济的产出、投资和就业。同时，它还可能导致贸易伙伴征收报复性关税，从而可能引发两败俱伤的贸易大战。关税会造成外汇市场上本币升值，从而可能减少GDP和就业，最终会使贸易逆差恶化。IMF使用全球综合货币与财政模型展示了两种情景，一是东亚新兴国家不对美国进口商品征收报复性关税，另一情景反之。在两种情景中，实际GDP均有所下降，美元出现升值。

此外，尽管传统观点认为中美贸易降低了美国制造业就业，但是近年来的数据显示，中美贸易总额与非农就业呈正比，相关系数为12.39%；中美贸易的促进不仅增加了美国的非农就业，还促进了美国实际GDP的增长，贸易总额和实际GDP增速的相关系数为29.71%。

但中美贸易逆差的状态决定了中美贸易摩擦在未来仍不可避免，在《特朗普新政对中国新一轮对外开放战略的影响》报告中，我们强调，在特朗普新政下中国应做出的应对策略主要为以下三个方面：

(1)首先，一方面要继续坚持改革开放的方针，同时必须做出积极调整。可以继续推动FTA、RECP，发挥中国在WTO中更大的作用。坚持国际货币体系改革，推进IMF改革、推进区域经济合作等。在贸易方面，我们要进一步促进贸易结构的改善和产业升级，将人民币自由化和资本化的进程整顿好以后再重新出发。

(2)其次，中国应优先采取和美国坐下来谈判的方式，来争取缓和的空间和时间，积极沟通以预防特朗普采取"汇率操纵国"指责，或发动与贸易制裁相关的潜在威胁。在2017年4月"习特会"中，中美贸易"100天谈判计划"在农产品、金融服务和能源贸易方面达成了一系列协定，取得了阶段性重大成果。其中，农产品方面包括了牛肉和鸡肉的贸易开放；金融服务方面包括了银行、信用卡支付和信用评级行业的市场准入；而能源贸易条款里，美国同意不对中国进口美国的液化天然气设置限制。这些成果将有利于重新定义两个全球最大经济体之间的关系。

(3)最后，中国仍应注意保护国内关键产业，保证融入全球价值链的战略不因特朗普政府的立场而遭到破坏。一旦谈到高附加值的制造业和工业制成品的市场准入问题，中美两国均是寸步不让，这才是两国贸易竞争中的重中之重。

总体来说，特朗普签署对"中国贸易行为"的审查，包括中国在技术转让等知识产权领域方面的行政备忘录，是中美贸易摩擦的第一步，短期来看，因调查时间和结果未定，该举动对中国高科技产业及相关公司的影响有限。但从长远来看，未来在更广泛的贸易品与区域战略领域，中美贸易摩擦仍不可避免，这对我们做出积极应对，坚守新一轮对外开放战略顺利执行将提出更高的要求。

4.3.3 日本知识产权法

日本知识产权(专利)方面的法律也是比较完善的,从明治维新时代即建雏形,特别是在第二次世界大战后,随着日本经济技术的迅速崛起,专利法律建设更加完善。现行的专利法是1959年4月颁布、1960年4月实施的。其目的是通过保护与利用发明,鼓励发明,以此推动产业的发展。发明是指利用自然规律做出具有高水平技术思想的创作。该法律所指的专利发明,是指取得专利权的发明。专利的实施是指在产品发明方面,生产、使用、转让、出租、转移或为转让、出租而展示或进口其产品的行为。在方法发明及其使用方法的行为是指除上述生产环节的其他各方面。

当然其他国家和国际组织还有很多涉及知识产权(专利)方面的法律法规,在此不再赘述。

第5章 知识产权经济

知识产权经济主要集中在产业发展和知识产权运营,核心是知识产权资本化、产业化,引领经济向高科技型发展。

5.1 知识产权金融

金融是现代经济的核心,若要保持经济平稳健康发展,一定要把金融搞好。金融已经成为资源配置和宏观调控的重要工具。维护金融安全是关系我国经济社会发展全局的一件带有战略性、根本性的大事。金融活,经济活;金融稳,经济稳。牢牢守住不发生系统性风险的底线,采取一系列措施加强金融监管,防范和化解金融风险,维护金融安全和稳定。准确判断风险隐患是保障金融安全的前提。提高领导干部金融工作能力,领导干部特别是高级干部要努力学习金融知识,熟悉金融业务,把握金融规律,既要学会用金融手段促进经济社会发展,又要学会防范和化解金融风险,强化监管意识,提高监管效率。

知识产权金融核心是指知识产权与银行、证券、保险等金融机构及其金融手段的结合,促进知识产权(专利)产业的发展。其实质是科技金融的一部分。金融是市场经济的标志,也是衡量经济运行最终结果的价值标准。没有金融参与的知识产权原则上是没有体现或实现价值的。通过知识产权(专利、商标、著作权等)的质押融资、投资,证券化、股份化、保险、担保等通用金融手段实现知识产权的市场价值,客观体现了知识产权的资本化。目前,知识产权金融发展的核心前提是知识产权价值的评估体系建设。当前采用的评估体系方法还是沿用现行银行体系下的无形资产评估标准体系,还没有体现知识产权这种创新性、成长性、风险性的特点。所以,迫切需要建立一整套知识产权价值评估指标体系,建立起简洁、透明、可操作的知识产权金融体系。区别于传统的实物抵押、担保等银行金融管理体系,建立和完善知识产权金融管理模式,发展壮大知识产权价值评估、运营等配套的技术支撑体系,助力知识产权价值转化,为创新驱动发展提供有效的金融支持。

5.1.1 知识产权价值评估

在知识产权交易中确定知识产权的价值特别是货币价值,以及在知识产权遭受侵害后核定损害赔偿额,常常需要知识产权价值评估。知识产权的价值由市场决定,知识产权价值评估的结论必须建立在相关市场情况的分析和预测基础上。目前,对知识产权价值进行评估基本沿用了有形资产评估方法，即市场法、成本法和收益法。但知识产权的价值依靠未来，与创造开发知识成果所付出的成本没有必然关系，而是取决于对其使用而产生的收益。因此，对知识产权进行评估应以采用收益法为主，在适当的条件下也可以采用市场法，而成本法不宜作为评估知识产权的方法。

在知识经济时代，知识产权已成为个人致富、企业生存发展、国家富强的重要凭借。由于其蕴含着巨大的经济价值，知识产权转让、许可、出资等交易日益活跃，与此同时，侵害知识产权的情形也频繁出现。无论是交易中确定知识产权的估价，还是侵权后核定知识产权损害赔偿额，都要面临一个至关重要的问题，即如何衡量和确定相关知识产权的价值。知识产权价值量的确定常常依赖于知识产权价值评估。

1. 知识产权价值评估的根据

知识产权价值评估是评估机构考虑相关因素并依据一定的计算方法对知识产权价值所作的评价、估计或预测。价值评估或评价与价值是两个不同的概念。价值是客体对主体的效应，评价则是人们对客观价值的评定，是主体的一种观念活动。价值属于主观与客观相互作用的范围，是评价的对象；而评价是观念范畴，是主观观念对客体价值的评估。价值决定评价，评价反映价值。

知识产权的价值由市场决定。为了鼓励知识成果的创造，法律赋予创造者一定期限之内独占利用其知识成果获取收益的权利。知识产权由此成为专属于权利人的财产，因具有效用与稀缺性而有了经济价值。价值不能离开交换，是交换将效用变成了价值。离开了交换，任何价值的存在都是人们头脑中想象的产物，真实的价值必须是交换的结果，是市场的产物。市场是具体的，由时间和地域对其进行规定。不同的市场因环境条件各不相同，而有不同的需求与供给。相应地，价值是某一时空条件下某一具体市场的产物，不存在脱离具体市场而独立存在的价值。不同的市场，由于经济状况、文化背景、科技发展水平甚至市场主体的兴趣、爱好等因素不同，而反映出对知识产权的不同市场需求，知识产权的价值因此而不同。

有人采用比喻的说法描绘知识产权价值变化不定的特点。"价值这个词不是一块透明的、不变化的水晶，它是活动着的思想的外壳，可以随着使用它的环境和时间的变化而改变色彩和内容。"即便在同一地域范围内，市场主体对知识成果的需求也会因时间的推移而发生变化，知识产权的价值也将随之发生变化。日本学者堺屋太一曾举例说，某年一种领带由于时髦卖两万日元，但今年由于它的图案已不再流行，只能削价处理，只卖四千日元。也就是说，去年社会上承认这种领带具有两万日元的"知识与智慧的价值"，然而今年它却成为零。之所以能卖四千日元，仅仅是由于它还保留着领带的使用价值。由人们的爱好和需要所决定的市场需求是不确定的或变化的。只要出现了更新、更先进和实用的知识取代了原有的知识，原有知识产权的价值量就会急剧下降。这种现象可被称为知识产权的无形磨损，其因自知识成果满足人需求的能力的降低乃至消失。知识产权的价值也可能随着其效用的提高而增长。例如，随着创作者名气的提升，其作品更容易被人们认知和欣赏，著作权的价值会增加。微软曾花费大约 400 万美元买下滚石乐队的歌曲 *Start Me Up*，用来广告促销其产品 Windows 95。滚石乐队能够获此重金的一个主要原因是，作为全球著名的乐队，其创作的作品因深受听众喜爱，而成为公认的高价值财产。有观点认为，滚石乐队在草创事业时，根本不可能以这等天价出售知识产权，也许他们一分钱都拿不到。但是当他们的曲目越来越多，并且渐渐走红之后，其知识产权的价值便提高了。所以，知识产权的价值视市场愿意支付的价格而定，换句话说，也就是取决于潜在买主对于知识产权的看法。

知识产权是有期限的权利，当期限届满时，作品、技术便会进入公有领域，成为全社会的共同财产，任何人均可任意获取和利用，此时的作品与技术尽管仍然可以发挥其作用，但它们已经不再具有经济学意义上的价值。在知识产权保护期限之内，随着时间的经过，保护期限的邻近，由于可产生收益的期限缩短，获得收益的机会减少，知识产权的价值也相应减少。以专利为例，专利有时间性且其保护期不可续展，因此，专利保护期比商标保护期对其价值的影响要重要得多。对于同一专利而言，其价值与其距离法定有效期届满日的期限成正比，即此期限越长，则其价值越大。如果专利保护期只剩下两年，价值决不能高于、等于或接近受让方往后两年预计利润的总和。总之，知识产权的价值是动态的，其是随着时间的经过，根据未来收益的增减而不断变化的。结果是，所表达的有关价值的观点只与给定的时刻或特定的日期相关。

2. 知识产权价值评估以市场为根据

知识产权的价值由市场决定，知识产权价值评估不是凭空进行的，而是以特定市场为依据，在综合考虑被评估知识产权本身的性质和特点、其创作者的声名和影响力、市场的认可和接受程度、可被利用的期限、有关的交易惯例等多种相关因素的基础上进行预测。英国音乐业经济专家格瑞特·豪维尔斯曾撰文《录制音乐系列权利的估价及结算法》，对录制音乐版权系列权利的价值评估及结算方法进行探讨。他指出，音乐系列权利评估实际上就是对未来收益的预测。这种预测既要看与唱片公司签约的艺术家能否按照合同的要求，创作出更多更畅销的作品，也要看所生产的唱片能否适合消费者的口味，上市以后很快走红。对于一个评估师来说，要想预测准确，就必须了解并掌握一些艺术家的情况及市场行情。

知识产权价值评估较之有形资产评估而言相对复杂，因为知识资产种类繁多、千差万别，可比性差，并且其受客观环境影响较大，其效用发挥的期限、无形损耗及风险方面不确定因素较多。评估毕竟只是评估机构考虑相关因素并依据一定的计算方法对知识产权价值所作的预测，由于不可能充分、准确地考虑一切未来将出现并起作用的实际因素，估价并不一定等于价值。现实中有很多这样的实例，如某项知识产权估价为 10 万元，却有可能被人以 100 万元的价格买走，并通过利用产生高于 100 万元的收益。"估价"与"评价"本身说明了它们本身不是真正的价值（交换价值），是用"估"或"评"的办法以求得与真正的客观价值相符合或相近似的主观价值；人们尽可以对周围的一切进行估价，但这都不算数，最后都要拿到市场上去检验。也就是说，知识产权价值评估或定价只能是一种预测性的评价，评估者的结论必须是建立在相关市场情况的分析和预测基础上，是对市场价值的估计和判断，而最终由市场决定和反映出的价值才应当是真正的知识产权的价值，也是对评估值的一个检验。

3. 知识产权价值评估方法的选择与适用

目前，对知识产权价值进行评估基本上沿用了有形资产评估方法，即市场法、成本法、收益法。专门适用于知识产权价值评估的理论和方法还没有确立。采用有形资产评估的方法，使对知识产权的价值评估得以开始进行。但关键的问题应当不是评估可以进行，而是是否采用了正确的方法，从而使评估结论能够与真实的价值相符合或接近，从而实现评估的目的。如果评估机构忽视知识产权不同于有形财产的特点，不加分析地照搬有形资产评估方法，有可能会使评估结果远远偏离有关知识产权的实际价值或市场价格，根本起不到评估的作用，使评估结果的应用受到影响。

(1) 收益法。收益法（又称收益现值法、利润预测法）评估基于这样一个原理：一项财产的价值等于它在未来带给其所有者的经济利益的现值。该方法从产生收益的能力的角度来看待一项资产，因此，它只适用于直接产生收益的经营性资产。该类资产通过生产经营带来收益，同时，通过生产经营的进行，其在若干个会计期间内会连续不断地创造出收益。非经营性资产由于使用用途的特性，其价值会随着使用而渐渐地消耗掉，不能像经营性资产一样，给使用者带来未来收益，一般不采用收益法来评估。中外经济学者普遍认为："无形资产是不具有物质实体的经济资源，其价值由所有权形成的权益和未来收益所决定。"知识产权属于生产要素或称经营性资产，其价值是通过对知识成果的利用而产生或预期产生的收益，因此，对知识产权价值评估最为适当的方法应为收益法。国外学者 Reilly 和 Dandekar 曾对包括知识产权在内的各类无形资产评估的适用方法做过较详细的分类，其研究成果显示，已批准的专利、商标与商誉、版权（计算机软件除外）的评估主要都是采用收益法。

(2) 市场法。市场法（又称市场价格比较法或销售比较法）是最直接、最简便的一种资产评估方法，也是国际上特别是在有形资产评估中首选的方法。它以现行价格作为价格标准，通过市场调查，选择几个与被评估资产相同或相似的已交易同类资产作为参照物，将被评估资产与它们进行差异比较，并且在必要时进行适当的价格调整。市场法只有存在与被评估资产相类似的资产交易市场时才适用。这种方法建立的基本依据：一个精明的投资者或买主，不会用高于市场上可以买到相同或相似资产的价格去购买一项资产。这是评估中替代原则的具体应用。应用的前提是有一个充分活跃的公平资产交易市场，参照物的各项资料是可以收集到的。现行市场法主要分为直接法和类比法。直接法是指在公开市场上可以找到与被评估资产完全相同的已成交资产，可以其交易价格作为被评估资产的现行市场价格。类比法是指在公开市场上可以找到与被评估资产相类似资产的交易实例，以其成交价格作必要的差异调整，确定被评估资产的现行市场价格。

由于知识成果具有新颖性、创造性，一般不会出现完全相同的知识成果。直接法难以运用于知识产权的价值评估，但并不排除可以找到各方面条件相似的可以进行比较的知识产权。例如，一部作品的作者已有若干作品推向市场，待评估作品版权与已上市作品版权在交易条件方面有可比较之处，那么，也可以用类比法对该作品版权价值做出评估。确定适当的参照对象就成为采用类比法评估的最关键环节。同时，也需要针对被评估知识产权的特点，对于相类似资产的成交价格作必要的调整。调整需考虑的主要因素包括：时间因素，即参照物的交易时间与评估基准日的时间差异对价格的影响；地域因素，即相比较的知识产权所在地区或地段不同对交易价格的影响；作用因素，即知识产权在生产经营中发挥作用的大小等。选择了不适当的参照对象，没有根据被评估知识产权的特点考虑相关因素进行调整，都可能导致应用市场法评估知识产权价值发生错误，大大偏离知识产权的实际交易价值。在知识产权贸易市场相对发展和成熟的地区及行业，会形成一些知识产权交易的标准费率或业界标准。一些行业中存在使用费的习惯性标准，这些习惯性标准常常被用作私人交易的谈判起点（有时是终点）。当然，标准因商业背景或市场而异。比如在美国，小说和商业性图书的作者可得零售价格的10%或15%，更为专业、读者群更小的书籍的作者，可获取15%~20%的使用费。因此，在条件适当的情况下，采用市场法确定知识产权的价值也是一种较为可行的方法。

　　(3)成本法。成本法又称重置成本法，是以重新建造或购置与被评估资产具有相同用途和功效的资产现时需要的成本作为计价标准。成本法依评估依据不同可分为两种：一种是复原重置成本法，又称历史成本法，以被评估的资产历史的、实际的开发条件作为依据，再以现行市价进行折算，求得评估值；另一种是更新重置成本法，以新的开发条件为依据，假设重新开发或购买同一资产，以现行市场计算，求得评估值。一般都选择更新重置成本法进行评估。简而言之，重置成本就是为创造财产而实际发生的费用的总和（研发成本、开发成本和法律成本）。成本法主要用于评估作为企业组成部分的不产生收益的那些机器设备和不动产。由于重置成本估价模型是建立在有准确的历史数据可查的基础之上，所以，这种方法颇受会计师和其他类似行业人士的青睐。

　　有观点认为，可以采用成本法评估知识产权的价值。编者则以为，由于知识产权价值的特殊性，应用成本法评估其价值存在很大障碍。知识成果的创造投入往往是高风险、高回报的。利用知识产权产生的收益可能会远远大于或小于曾经付出的成本，使成本与最终实现的价值之间的关系显得极其疏远，导致在估算价值时，不必或不能考虑成本的因素。其中，一个最为典型的例子就是美国政府在20世纪50年代曾花费数百万美元研发核能飞机引擎，引擎经过了测试并制造了样机。飞机被设计出来，同时开发费用飙升。然而，不幸的是，核能飞机引擎从未能产生使飞机飞行所需的推动力。可以说，该核能飞机引擎技术的价值可以被认为是低的，或者说是零。然而，研发费用却是高昂的，如果依据研发费用确定该技术的价值显然毫无意义。对于技术商品而言，其生产过程是高度复杂的脑力劳动过程，具有探索性和创造性，不像一般商品的生产往往具有共同遵循的规律和特点，进行模式化劳动。技术商品的生产极可能走弯路，导致研制失败或达不到预期目的，从而使投入的成本付之东流。另外，就专利而言，由于专利只授予首先申请发明的人，如果被人捷足先登，即使耗费很大也是前功尽弃。或即便取得专利，很快又有人开发出更先进的取代技术，也收不到预期效益。在这些情形下，以高昂的成本确定知识产权的价值是不可行的。而对于一项来自奇思妙想的技术发明，也可能并未耗费什么生产成本，却由于被人们广泛使用而产生巨额的利润，一些诸如电话、半导体等突破性技术创新，相比利用这些技术产生的收益，在技术研发阶段支出的成本甚至可以忽略不计。因此，不能认为知识产权的价值由成本决定。

对于商标而言，要想找到商标的重置成本是困难的。许多现有著述及评估公司，一般将商标标识的设计费，为选定商标而向销售商、专业律师、相关消费者进行咨询的费用、注册申请从始至终的费用，广告费及其他促销费等计入成本，并以此作为主要依据来计算商标的价值。尽管这种计算方法因有据可查而较容易操作，但是不能正确反映商标的价值。实际上，不会有人认为某驰名商标的注册申请费之类的费用能够决定该商标的价值。而濒临倒闭的破产企业，在资产清算时，如果使用该商标的商品已经没有销路，则即使该企业曾花费上千万元的广告费，其商标的价值也很难依此成本去计算了。有观点认为，重置成本法在一定程度上适用于商业秘密的估价。因为通过反向工程和独立性研究可以合法地获得商业秘密的内容，从这个角度讲，商业秘密的价值不应该超过在自己的实验室中通过反向工程或独立研究来获取商业秘密所付出的成本。这样一来，重置成本就有效地规定了商业秘密所具有的价值（独立开发和反向工程的成本）的上限。该观点值得商榷，因为商业秘密的开发成本与产生的收益往往存在巨大的差距。侵权行为使商业秘密成为公知信息的情况下，原告因侵权而丧失的并非曾付出的成本，而是将来的收益，以开发成本确定对原告的赔偿额将产生极不公平的后果。

也可以通过第三方进行商标或品牌的价值评估，由辽宁省市场监管局主办、省品牌建设促进会和辽宁广播电视台联合承办的2019年辽宁省企业品牌价值评价结果信息发布会上，盘锦北方沥青燃料有限公司以90.08亿元居品牌价值榜首，盘锦禹王防水建材集团有限公司以935分拔得品牌强度的头筹（表5-1）。

这是辽宁省第四年开展企业品牌价值评估，共有114家企业参评，分布在机械设备制造、有色冶金、能源化工、建筑建材、纺织服装鞋帽等10个行业。参评企业品牌价值均值为7.2亿元，品牌价值最高为150.97亿元；品牌强度均值为764.1亿元，品牌强度最高为935亿元。首次参评单位为88家，重复参评单位为26家。在重复参评的企业中，品牌价值提高的有16家，占比为61%；品牌强度提升的有13家，占比为50%；品牌价值和品牌强度同时提升的有14家，占比为54%。

本次最终结果发布的是品牌价值在1亿元以上，且自愿发布的，在辽宁省具有产业优势、品牌建设基础较好的8个行业32家企业。其中，装备制造业占据11家企业，居各行业之首；能源化工业占6家企业；建筑建材业有5家企业。从地区数量看，沈阳上榜5家企业，大连上榜6家企业，朝阳、辽阳、铁岭、鞍山各上榜3家企业。

表 5-1 2019 年辽宁省企业品牌价值评估结果发布信息

编号	企业名称	所属行业	品牌强度（满分 1 000 分）	品牌价值/亿元	地域
一、农业(3)					
1	辽宁禾丰牧业股份有限公司	农业	930	25.86	沈阳
2	北票市宏发食品有限公司	农业	747.5	9.29	朝阳
3	凌源市青龙河川葡萄产业专业合作社	农业	701.5	3.72	朝阳
二、食品加工制造(2)					
4	富虹集团油品股份有限公司	食品加工制造	612	10.77	沈阳
5	沈阳中街冰点城食品有限公司	食品加工制造	761.2	1.49	沈阳
三、纺织服装鞋帽(2)					
6	大杨集团有限责任公司	纺织服装鞋帽	929	19.85	大连
7	大连瑞光非织造布集团有限公司	纺织服装鞋帽	898.5	16.26	大连
四、能源化工(6)					
8	盘锦北方沥青燃料有限公司	能源化工	793	90.08	盘锦
9	辽宁奥克化学股份有限公司	能源化工	877	33.41	辽阳
10	航锦科技股份有限公司	能源化工	673.5	24.89	葫芦岛
11	朝阳浪马轮胎有限责任公司	能源化工	807.5	16.86	朝阳
12	辽宁东北丰专用肥有限公司	能源化工	650	1.3	铁岭
13	葫芦岛天启晟业化工有限公司	能源化工	587.5	1	葫芦岛
五、冶金有色(1)					
14	海城诚信有色金属有限公司	冶金有色	858.5	2.32	鞍山
六、机械设备制造(11)					
15	大连华锐重工集团股份有限公司	机械设备制造	909.7	40.08	大连
16	锦州汉拿电机有限公司	机械设备制造	790	37.16	锦州
17	大连船用柴油机有限公司	机械设备制造	807.7	8.44	大连
18	锦州锦恒汽车安全系统股份有限公司	机械设备制造	891.7	8.41	锦州
19	沈阳亨通光通信有限公司	机械设备制造	886	7.71	沈阳
20	辽阳石油钢管制造有限公司	机械设备制造	790.7	5.01	辽阳
21	抚顺永茂建筑机械有限公司	机械设备制造	802.7	3.74	抚顺
22	丹东克隆集团有限责任公司	机械设备制造	854.3	3.01	丹东
23	辽宁奥通钢管有限公司	机械设备制造	776	2.99	鞍山
24	铁岭正高阀门科技有限公司	机械设备制造	546	1.11	铁岭
25	沈阳富创精密设备有限公司	机械设备制造	845.3	1.04	沈阳
七、建筑建材(5)					
26	盘锦禹王防水建材集团有限公司	建筑建材	935	31.64	盘锦
27	大连天瑞水泥有限公司	建筑建材	851	15.07	大连
28	辽阳天瑞水泥有限公司	建筑建材	874.5	2.26	辽阳

续表

编号	企业名称	所属行业	品牌强度（满分1 000分）	品牌价值/亿元	地域
29	辽宁奇塑科技实业有限公司	建筑建材	726.5	1.28	铁岭
30	丹东凤凰山水泥制造有限公司	建筑建材	805	1.25	丹东
八、其他(2)					
31	海城正昌工业有限公司	其他	791.5	2.82	鞍山
32	亿达信息技术有限公司	其他	822	1.77	大连

总之，知识产权的价值依靠未来，与创造开发知识成果所付出的成本没有必然关系，而是取决于对其使用而产生的收益。因此，对知识产权进行评估应以采用收益法为主，在适当的条件下，也可以采用市场法，而成本法不宜作为评估知识产权的方法。

(4)现行的无形资产评估方法实际上是目前知识产权价值评估的主要方法。无形资产评估方法直接关系到评估结果。在我国无形资产评估实践中，往往由于不能运用科学的方法，造成较大的误差，要深入研究各类无形资产的评估方法，借鉴国外先进经验，综合我国评估工作的具体实践加以创新。如上所述，现行的无形资产计算方法主要有市价法、收益法和成本法三种。市价法是根据市场交易确定无形资产的价值，适用于专利、商标和著作权等，一般是根据交易双方达成的协定以收入的百分比计算上述无形资产的许可使用费。该方法存在的主要问题：一是由于大多数无形资产并不具有市场价格，有些无形资产是独一无二的，难以确定交易价格；二是无形资产一般都是与其他资产一起交易，很难单独分离其价值。收益法是根据无形资产的经济利益或未来现金流量的现值计算无形资产价值，诸如商誉、特许代理等。此方法的关键在于如何确定适当的折现率或资本化率。这种方法同样存在难以分离某种无形资产的经济收益问题。此外，当某种技术尚处于早期开发阶段时，其无形资产可能不存在经济收益，因此，不能应用此方法进行计算。成本法是计算替代或重建某类无形资产所需的成本，适用于那些能被替代的无形资产的价值计算，也可估算因无形资产使生产成本下降、原材料消耗减少或价格降低、浪费减少和更有效利用设备等所带来的经济收益，从而评估出这部分无形资产的价值。但由于受某种无形资产能否获得替代技术或开发替代技术的能力及产品生命周期等因素的影响，使得无形资产的经济收益很难确定，使得此方法在应用上受到限制。

(5)无形资产(商誉)评估资料搜集目录：

①企业法人营业执照及税务登记证、经营许可证等；

②企业简况、企业成立背景、法定代表人简介及经营团队主要成员简介、组织机构图；

③企业章程、涉及企业产权关系的法律文件；

④企业资产重组方案、企业购并、合资、合作协议书(意向书)等可能涉及企业产权(股权)关系变动的法律文件；

⑤企业提供的经济担保、债务抵押等涉及重大债权、债务关系的法律文件；

⑥企业年度、半年度工作总结；

⑦与企业生产经营有关的政府部门文件；

⑧企业近年(含评估基准日)财务年度报表以及财务年度分析报告，生产经营统计资料；

⑨企业现有的生产设施及供销网络概况，各分支机构的生产经营情况简介；

⑩商标证书、专利证书及技术成果鉴定证书等；

⑪企业未来五年发展规划；

⑫企业未来五年收益预测(C表)以及预测说明；

⑬主要客户名单、主要竞争对手名单；

⑭企业生产经营模式(包括经营优势及主要风险)；

⑮新闻媒体、消费者的相关报道和评价等信息资料；

⑯企业荣誉证书、法定代表人荣誉证书；

⑰企业形象宣传、策划等相关资料；

⑱企业现有技术研发情况简介及技术创新计划；

⑲所有长期投资的章程，被投资单位的企业法人营业执照、基准日及前三年的会计报表；

⑳其他企业认为应提供的资料；

㉑企业承诺等。

以上可以看出，现行的评估方法所需资料非常繁杂，评价程序比较烦琐，这是一个比较宽泛的知识产权价值评价指导性原则，针对某一知识产权(专利)转移提供指导性意见。在实际过程中，针对专利、商标、著作权等不同知识产权特点应该有所侧重，突出知识产权的经济、技术、社会、文化等价值。尤其应突出其市场占有能力、产业化潜力等。其他资料和程序应该适当简化或者忽略。

(6)无形资产评估程序。依据国家法律法规，遵照科学、客观、认真负责的原则，开展无形资产评估的程序如下：

①签约：评估前客户需要与本公司签订协议，就评估范围、目的、基准日、收费、交付评估报告的时间等项内容达成一致意见，正式签署协议，共同监督执行。

②组建项目组：视评估项目大小、难易程度、组成由行业专家、评估专家，经济、法律、技术、社会、会计等方面专业人员参加的项目评估组，实施项目评估，项目组实行专家负责制。

③实地考察：项目组深入企业进行实地考察，考察了解企业的发展变化、经济效益、市场前景、技术生命周期、设备工艺、经济状况，查验各种法律文书、会计报表，听取中层以上领导干部汇报。

④市场调查：采用现代手段在不同地区、不同经济收入的消费群体中进行调查。有的评估工作还要进行国际市场调查，取得评估的第一手资料。

⑤设计数学模型：采用国际上通行的理论和方法，根据被评估企业实际情况设计数学

模型，科学确定各种参数的取值，并进行计算机多次测算。

⑥专家委员会讨论：专家咨询委员会论证评估结果，专家咨询委员会必须有 2/3 以上人员出席，必须有行业专家出席，半数以上专家无记名投票通过，评估结果才能获准通过。

⑦通报客户评估结果：将评估结果通报客户，由客户付清评估费用。

⑧印制评估报告：将评估报告送达客户。

(7)进行无形资产评估的必要性。就目前我国企业所处的环境而言，对无形资产进行评估有以下两个面的意义：

①资产管理的需要。摸清家底，完善企业资产管理。以财务报告为目的的无形资产评估成为企业资产管理的重要环节。对有形资产的评估、管理与应用，多年来企业自身已经形成了一套比较科学有效的制度，其资产量在相关财务报告中已得到了充分的揭示。但是，一个企业到底有哪些无形资产，其价值量如何，作为企业的管理者并不清楚，形成了资产管理的盲点。只有充分揭示这部分资产的真实价值，才能做到心中有数，进而变被动管理为主动管理，使之规范化，以保证企业资产的完整性。

②为经营者提供管理信息、决策依据。无形资产价值的本质是无形资产的培育、发展情况，企业的创新能力和盈利能力，企业资源的利用状况和利用效率、效果，企业可持续发展的潜力，企业管理水平的高低等。评估无形资产价值的过程是资产清查的过程，重点在于发现企业在资产管理、经营过程、资本结构、企业效率和盈利能力各个方面存在的问题和不足，努力解决或为企业提供建设性的意见和建议，有利于经营者对无形资产投资做出明智的决策，合理分配资源，减少投资的浪费。

5.1.2 知识产权(专利)质押

知识产权(专利)质押是知识产权金融工作的重要手段，目前也是知识产权金融工作的起步工作和引领工作。早在 2010 年，国家财政部、知识产权局等部门联合行文《关于加强知识产权质押融资与评估管理支持中小企业发展的通知》(财企〔2010〕199 号)，2011 年辽宁省知识产权局联合中国人民银行等部门印发辽宁省专利权、著作权和集成电路布图设计质押融资贷款暂行办法(辽知发〔2011〕22 号)等文件，对知识产权质押融资的具体操作程序进行了规定，推动了这项工作的开展。2013 年，中国银监会、国家知识产权局等部门联合下发了《关于商业银行知识产权质押贷款业务的指导意见》(银监发〔2013〕6 号)，进一步加大和鼓励促进知识产权质押工作。2015 年，财政部、国家知识产权局又出资 2 亿元建立知识产权质押融资风险补偿基金，进一步深化知识产权质押融资的财政支持性政策措施，极大调动了企业、银行、中介机构开展知识产权质押工作的积极性。2015 年，国家知识产权局下发《进一步推动知识产权金融服务工作的意见》，推动落实知识产权金融扶持政策等措施，优化知识产权金融发展环境，建立与投资、信贷、担保、典当、证券、保险等工作相结合的多元化、多层次的知识产权金融服务机制，发挥知识产权金融服务对促进企业创新发展的显著作用。

根据国家财政部、知识产权局要求，辽宁省知识产权局与省财政厅、金融办联合下发了《关于设立辽宁省知识产权质押融资风险补偿基金的实施方案》（辽知发〔2016〕18号），知识产权质押工作正在紧张有序开展。截至2017年8月，全省知识产权质押融资实现52亿元，在全国居于首位。2017年到目前为止，全国实现知识产权质押融资500多亿元。按规定，专利权、著作权和集成电路布图设计权等可用于单一担保、组合担保、追加担保和反担保等。下一步有关知识产权质押工作重点应放在建立和完善知识产权价值评估体系与指标上来，因为目前对知识产权价值评估方法及其评估结果还有争议，各银行对其采信方面还有较大差异。知识产权质押融资也是一项系统工程，随着知识产权金融系统工作的不断发展，知识产权质押融资工作必将规范化、标准化、市场化。其将成为支撑创新驱动发展、助力知识产权强国建设的重要力量，更加体现创新成果的经济价值、市场价值。

5.1.3 知识产权投资

知识产权是一种新型产权安排机制。通过赋予创新成果财产权，进一步赋予创新主体对创新成果的支配权和使用权，以及通过成果转移转化获得收益的权利。同时，也是一种创新激励机制，通过依法保护创新者的合法权益来激励人们发明创造。专利投资的核心是实现科技成果产权化、知识产权资本化。重点是将专利通过价值评估，作为一种财产进行商业运作，尤其是要做好高价值专利的运营。专利量与专利运营是相辅相成的。当今世界，每一个重大的产业技术价值的背后，都有更大的科学价值作为基础，同样，科学价值是重大核心专利的基础，重大核心专利是取得重大运营成果的基础。我国正在建立"1+2+20+N"的专利运营平台体系，即在北京建立全国专利运营公共服务平台、在西安建立军民融合专利运营平台和在珠海横琴建立面向投资的专利运营平台，面向全国的各种专业性、地区性、交易运营平台等。同时高校、科研单位建立内部技术转移办公室（OTT、OTL），其功能包括知识产权管理、技术转移和投资，如牛津大学的ISIS创新公司，其中人员由一半有工科背景、一半有知识产权法律资格和投资经验组成。中科院进一步整合科技服务网络计划（STS）、ICT（信息和通信技术）的投资运营等。国家知识产权局知识产权发展研究中心主任韩秀成强调："在我国连续多年专利申请量位列世界第一、产业结构调整和经济转型升级进入关键时期的背景下，国家知识产权局提出培育高价值专利问题有着特别重要的意义。"韩秀成认为："知识产权是一个市场中的概念，没有市场、没有竞争，知识产权就毫无价值。""高价值专利不同于此前提出的基础专利、核心专利概念。""基础专利是就技术发展的原创和后继改进的关系来提的，强调的是技术发展的原创性、基础性。""核心专利是就技术在产品生产或者产业发展中的地位来说的，强调的是它在某一产品和产业发展中的关键和咽喉地位。""基础性专利、核心专利强调的都是技术本身的特性。""高价值专利强调的是专利在市场中的表现，强调的是它的市场价值，这是真正从市场、从竞争角度看待知识产权的作用。"

要培育高价值专利，韩秀成认为要从以下三个方面着手：一是在专利创造中，创新者要重视专利信息的深度分析研究，找准研发的起始坐标。二是在专利申请中要提前做好研判、善于沟通并且重视专利服务机构的作用，形成高质量的申请文件。三是在专利布局方面，要在战略和战术、国内和国外多维度层面展开，注重长远和精准布局。同时，政府也要在专利审查和管理方面加强高价值专利的政策引导。

5.2 知识产权资本化

产权是现代经济社会中个人和社会组织最基础、最根本的权利、权力、权益。房地产、汽车、厂房等实物不动产权所有者，现金、有价证券等流动产权所有者等都是传统的财产权。而专利、商标、版权等知识产权则是知识经济时代特征的一种无形财产权，也是人类智力成果的财权表示，是一种最高级的市场权力，真正体现了知识的市场价值。从某种意义上讲，没有知识产权的创新是低效或者无效创新。没有形成专利、商标、版权等产权的科技成果是没有市场价值的。在市场经济条件下，让创新成果获得产权，实现资本化是必然要求。要使知识产权化，即变拥有知识为拥有专利、商标、版权等所有权，并通过规范的评估或公认的约定价值实现资本化。

5.2.1 打破技术封锁，实现自主知识产权的突破

每一个行业、每一个企业，几乎都存在技术被人家垄断，生产过程自始至终不得不付出高昂的专利技术转让费甚至包含核心专利技术的高价设备引进费用，绝大部分业务利润拱手让给外部公司，自己仅剩下低端辛苦的人工费用等残羹。这只能通过创造自主的知识产权才能打破技术封锁，进而形成具有市场竞争力的资本。这是一个知识产权化、资本化的重点问题。

实现自主知识产权突破必须遵循我国科技工作的指导方针"自主创新、重点跨越、支撑发展、引领未来"。

(1)自主创新就是从增加国家创新能力出发，加强原始创新、集成创新和引进消化吸收再创新。原始创新是一种超前的科学思维或挑战现有科技理论的重大科技创新。它意味着在研究开发方面，特别是在基础研究和高技术研究领域取得独有的发现和发明。原始创新大多数建立在新的科学和工程原理基础上，具有基础性、关键性和战略突破性的特征，能够促进新的产业兴起，推动经济结构的变革。集成创新是指通过对各种现有技术的有效集成，形成有市场竞争力的产品或者新兴产业。实行集成创新的企业可以拥有一些核心技术再连接相关领域的技术创新，也可以通过购买某些核心技术或核心零部件并把它们有机地结合起来，再根据市场需要来集成新产品。引进消化吸收再创新是指在引进国内外先进技术的基础上学习、分析、借鉴，进行再创新形成拥有自主知识产权的新技术。通过从发达国家直接引进先进技术，经过消化吸收实现再创新，不仅可以大大缩短创新时间，而且可

以降低创新风险。所以它是发展中国家充分发挥"后发优势",进而赶上发达国家的必由之路。

(2)重点跨越,就是坚持有所为、有所不为,选择具有一定基础和优势、关系国计民生和国家安全的关键领域,集中力量、重点突破,实现跨越式发展。

(3)支撑发展,就是从现实的紧迫需求出发,着力突破重大关键、共性技术,支撑经济社会的持续协调发展。

(4)引领未来,就是着眼长远,超前部署前沿技术和基础研究,创造新的市场需求,培育新兴产业,引领未来经济社会的发展。

5.2.2 自主知识产权布局

自主知识产权布局主要是围绕产品或技术规划核心知识产权(专利)组合或者知识产权(专利)包,成为这一产品技术的全部重要知识产权的拥有者。这样,既不侵犯别人的知识产权也不被别人侵犯,从而形成竞争优势和具有垄断地位。必须围绕产品或技术的发展,预先布置知识产权创造计划,自动形成自主知识产权组合或核心知识产权组合。

5.2.3 知识产权预警

专利分析是制定专利战略、增强竞争优势、保护知识产权的基础和前提,对保护发明创造、鼓励技术创新、促进社会进步和经济发展具有重要的意义;专利预警则是从危机管理的角度出发,将关乎我国企业生存、行业发展,以及国家战略层面中的关键技术与国外相关专利进行比较,用于发现和警示在科技、贸易、投资、引资等活动中潜在的知识产权风险,以便及时采取应对措施。

将专利分析和专利预警两项工作有机地结合起来,不仅符合当前我国要建设创新型国家的总体需求,还为国家重点领域和重大技术的审批提供了辅助决策的科学依据。可以说,专利分析和专利预警工作是促进我国技术创新、防范产业化重大专项中存在知识产权风险、避免资金的重复投入、提高研究的起点水平、促进经济和科技协调发展、确保国家知识产权战略顺利实施的重要保证。

5.3 知识产权技术合作

知识产权技术合作是围绕专利、商标、版权等专有权属开展交流与合作,涉及转让、许可使用、作价入股等。大型联合工艺成套装置及生产线等专利技术包合作与转让许可、单一专利产品、商标、版权等交易方面,都是知识产权技术合作的主要手段。此外,在知识产权技术服务方面的合作,如知识产权服务联盟、联合建立专利池、核心专利组合,以及知识产权交易代理等,都是知识产权技术合作的主要方式。

5.3.1 知识产权技术包

知识产权技术包是一个在成套引进国外先进技术中非常重要的谈判议题。改革开放初期，我国成套引进国外先进的技术与设备，如大型炼油化工一体化成套技术与设备、大型天然气化肥技术与设备、轿车生产线等，常常因为国外的所谓专利技术包而花费大量外汇和后期的运营使用许可经费，并且对国外公司这方面的要价往往不假思索欣然接受并付费。这当然与专利等知识产权意识和法律法规没有健全有关，但从目前来看，也与没有进行知识产权分析评议、导航研究有直接关系。不清楚国外公司所谓的专利技术包到底是什么专利组成的，是有效的还是无效的或者几近失效或者有国内技术替代，而是默认了国外公司的高价要求，这方面的经济损失是巨大的。即使是在今天，也不容忽视。例如，有的国内公司因为引进技术，一项所谓的专利技术要价 1 500 万美元，经过专利分析评议后，最终仅需 1 000 万美元就成交了，这样的例子举不胜举。

另外，在国内技术输出与对外合作中，却忽视了国外公司所惯用的技术手段，没有将自身拥有的技术进行组合，形成核心专利组合或者专利技术包，从而增加合作的谈判筹码。必须在技术引进与对外合作中，将核心专利组合或者专利技术包的引进与转让作为技术合作谈判的重中之重，要注重知识产权分析评议和专利导航技术应用，始终掌握知识产权专利技术前沿动态，掌握技术谈判的主动权。无论是引进技术还是输出技术，始终围绕知识产权评议分析、知识产权导航，控制核心知识产权组合或技术包。

5.3.2 知识产权产品与技术合作

一些公司专门针对某一产品研究开发专利技术，以此进行知识产权转化转移，通过专利技术或专利产品开展技术合作，进而获得高额知识产权专利许可转让费用，如高通芯片专利技术等。但它本身并不生产芯片，而是开放这方面的专利技术供厂商使用，这就是所谓的非专利实施方（NPE）。与此对应的另外一种技术合作方式，也是比较通用的，就是以产品为核心的专利技术合作，它不是专利技术包，也不是纯粹的专利技术，而是包含在产品生产过程内的专利技术，如某些药品就是专利药品，其他公司要想生产，必须取得专利许可或技术合作，往往药品投放市场多年，还是独家生产，利润颇丰。有的药品独家生产销售占有市场，甚至一直保持到专利保护期失效为止。一个产品若想有持续的市场竞争力，想要在技术合作中处于有利地位，必须是拥有核心知识产权或核心知识产权组合的产品，否则只能是普通大路货，低端、靠低价竞争的产品，最终必将会被市场所淘汰。没有知识产权的产品是没有市场竞争力的产品，更不可能获得高额利润，也不可能引领该产品的未来市场发展方向。在没有知识产权的产品上，无论投入多么大，无论营销手段多么强，最终都必然逃脱不了被市场淘汰的命运，如出现的滴滴打车等平台，靠低价等各种策略，没有专利技术的支撑，一个个都败下阵来，且无一例外地烧钱、亏损。国内、国外无数事实充分证明了这一点。一个企业若想在激烈的市场竞争中处于不败地位，必须把知识产权产品研发作为企业发展的主攻方向。

5.3.3 知识产权技术服务

知识产权技术服务属于第三产业，是高端服务产业。目前，国内还处于发展阶段，有许多方面尚属空白。有关知识产权法律法规、政策、信息等在技术交流与合作过程中是必须面对的，尤其是国际合作与交流。大量的有关知识产权咨询、规划、导航研究、分析评议等业务都需要专门的中介机构来完成。政府部门也同样需要中介机构提供多样的技术支撑。当前，在世界贸易组织机制下，知识产权在国际贸易与服务中的作用越来越显著。美国等发达国家动辄以知识产权或者用知识产权大棒实施单方面贸易制裁，动辄对中国出口产品进行知识产权调查，这迫使我国不得不重视知识产权方面的工作，这里的主要工作就是知识产权技术服务。从某种意义上讲，实施"一带一路"倡议，走出去请进来，知识产权技术服务应该同步跟进甚至是先行。比如，就某一项目或产品开展国际合作时，要及时进行知识产权分析评议、导航研究，提出预警战略和防范措施，使得国际合作始终在知识产权的保护下稳步开展，避免因知识产权纠纷影响合作项目的开展甚至带来不必要的经济技术损失。

第6章 知识产权创造技术

有关知识产权创造的方法研究很多,从技术层面、哲学层面、管理层面等多领域、多角度提出众多方法,如头脑风暴法、层次分析法、萃智(TRIZ)发明问题解决理论等。近年来,由苏联专家根里奇·阿奇舒勒创立的萃智发明方法得到了重视和应用。

6.1 萃智(TRIZ)创造方法

TRIZ(发明问题解决理论)是由苏联科学家、专利管理人根里奇·阿奇舒勒(G. S. Altshuler)提出的,研究人类发明创新、解决技术难题过程中背后所遵循的科学原理和法则,是一种系统化的创新方法论。这种创造方法于20世纪80年代中期传入中国,目前在国内得到很好的推广并受到广泛的欢迎和关注。

TRIZ理论是从数百万的发明专利中总结、提炼的一套解决复杂技术问题的系统方法。目前已经在国际上获得大规模应用。实践证明,运用TRIZ理论,可大大加快创造发明的进程,并得到高质量的创新产品。近十年,TRIZ理论在中国获得快速发展,因为其有效的实践,以及与大众创业、万众创新政策的契合性,现已成为国内创新领域关注的热点。

TRIZ理论着力于澄清和强调系统中存在的矛盾,其目标是完全解决矛盾,获得最终的理想解。

TRIZ对实际问题解决的流程:将待解决工程问题转化为问题模型,应用解决方案模型,提出解决方案,并将解决方案落实到实际问题中。

TRIZ解决问题的步骤如下:

(1)描述问题。运用TRIZ—功能描述,将工程系统和问题以SVOP格式进行描述,重点关注动作、对象和参数之间的关系,目的是为抽象、归纳问题模型做准备。

(2)分析问题。运用TRIZ—三轴分析(功能分析、因果分析、资源分析),目的是寻找问题的根本原因,寻找解决问题的"薄弱点",寻找可利用的资源,降低解决问题的成本。其主要涉及:

①功能分析。运用TRIZ—功能分析,分析组件的相互作用,构建功能模型。功能分析是建立工程系统的结构组成及相互作用,回答"它是干什么的";并对功能进行科学评价,分为有用功能、有害功能、不足功能和过剩功能。

②因果分析。运用TRIZ－因果分析，寻找问题产生的根本原因。因果分析又称为因果链分析，重点是在操作区域、系统内分析问题的原因。多数情况下一般不分析制度、人、环境等超系统因素，具有很强的实用性。

③资源分析。运用TRIZ－资源分析，寻找工程系统中可利用的资源，为低成本解决问题做准备。可以说解决技术问题的实质是对资源的合理应用，使用系统资源是提高理想度最重要的手段之一。

(3) 解决问题。在TRIZ理论中，解决问题的工具有多种，如裁剪、技术矛盾、物理矛盾、物场模型等工具。其主要涉及：

①技术矛盾。TRIZ－技术矛盾理论旨在分析系统中存在的矛盾，目标是完全解决矛盾，使这两个参数都能处于最优状态。技术矛盾的表现形式是改进系统某部分或某些参数时，不可避免地会出现系统的其他部分或参数变坏的现象。

②技术进化曲线。技术系统进化理论是TRIZ理论最重要的理论之一。阿奇舒勒认为，技术系统的进化遵循事物进化的客观规律和模式，所有系统都必然向着"最终理想化"的方向进化，进化规律有八大进化法则。

③方案评价。首先对获得的方案进行整理、合并，然后从消除矛盾、投入成本、技术难度和可行性四个方面评价各个方案，总得分越高代表方案越优。

(4) 实施结果与经济效益。按照最终方案实施，对运行状态和质量数据进行统计。

6.2 知识产权创造核心与核心知识产权组合

单一知识产权创造如专利、商标、著作权等在社会公众中已经得到普遍认可和实施。但作为总体的知识产权创造及知识产权组合，特别是核心知识产权组合在产品开发、产业培育、市场开发等的重大引领作用却没有得到重视甚至被忽视。在这方面，无论从理论还是时间层面，国内都需要做大量工作。我们通常引进国外成套技术、装备或产品生产线等，这里面核心是引进核心专利组合或专利技术包，为此花费巨额外汇和引进成本及后续的运行成本。

6.2.1 加强专利、商标、著作权等知识产权组合创造

要综合知识产权要素，有目的、有计划地开展知识产权全要素创造。在结构调整和产业化过程中，将知识产权核心组合创造作为技术创新的目标之一。在各项科研计划等创新活动中，重点安排有关知识产权创造内容，形成全方位的知识产权布局，始终掌握知识产权制高点和主动权。

6.2.2 把核心专利组合(专利技术包)作为核心知识产权创造的主要内容予以特别关注

专利是与实体经济紧密结合的知识产权,大型联合企业、生产线、成套技术装备与工艺等无不包含核心专利组合(专利技术包)。一个企业要想在市场竞争中立于不败之地,创新无疑是不竭的动力,其中,核心专利组合(专利技术包)的创造始终是重中之重。在当今世界经济体系中,一个没有核心专利组合(专利技术包)的企业是无法立足于世界的,其只能被淘汰,只能进行低端产品制造,代表不了先进生产力的发展要求和未来发展方向。而纵观目前引领世界某一领域的跨国企业如华为公司、苹果公司、英国R-R公司、美国GE公司等,无一不是核心专利组合(专利技术包)的拥有者。所以,创造核心专利组合无论怎样强调都不为过。有发展、有前途面向未来的企业和企业家必定是重视核心专利组合(专利技术包)的企业和企业家。否则这个企业和企业家是没有什么希望的,这个企业和企业家也不可能真正成为有发展前途、有社会责任的企业和企业家。必须培养知识产权核心组合、专利技术包创造意识,发挥知识产权的集合效应。

6.3 知识产权申请技术与布局规划设计

在现实中,知识产权申请技术往往被忽视,布局规划设计则几乎为零。必须对知识产权申请格式要求、说明书、权利要求书、技术范围等进行认真研究规划,其本身也是有规律可遵循的。申请、获得知识产权本身就是一个大数据系统,也是一项创新活动,因此,要培养职业发明家、知识产权创造者队伍。

6.3.1 应布局知识产权申请范围,最大限度保护知识产权,提升产品或技术的知识产权含量,防范知识产权侵权或被侵权

在商标、专利、著作权申请过程中,要考虑申请的种类计划和先后顺序。比如,在确定优先申请商标还是专利或同时申请、实用新型专利或发明专利同时申请还是分别申请等都要根据实际和审查要求、时间及授权难易程度等进行。比如,因为实用新型专利容易获得授权,发明专利审查时间长,不宜快速获得,为及时获得保护,抢占市场,一般先申请实用新型专利后,及时申请发明专利,通过尽早获得实用新型专利权后,在保护中进一步申请发明专利,等待发明专利授权后,再考虑原来的实用新型专利是否保留或继续发展。同时,还要通过专利技术研究及知识产权(专利)文献检索与技术综述,确定知识产权申请方向,最大限度减少知识产权获得授权的时间,提高知识产权申请效率和成功率。

6.3.2 超前布置知识产权申请计划，要在项目计划阶段，及早开展知识产权申请，将知识产权申请计划与项目开展同步规划、同步实施，在项目完成时，同步或提前完成知识产权申请或者授权

要克服过去在项目完成后被动申请知识产权，为考核验收而申请，不是把知识产权创造作为科研活动的主要目的。应变被动为主动、变事后为事前、事中，大大提高知识产权的创造效率和创造水平。

第7章 知识产权文化

作为商品的文化产品和服务，既有商品的一般属性，又有意识形态的特殊属性。文化功能：既有教化功能，也有娱乐等多方面功能。双轮驱动：一手抓公益文化事业，一手抓经营性文化产业，促进文化发展繁荣。两个效益：正确认识和处理文化发展中社会效益和经济效益的关系。

文化分为器物、制度和观念三个层面。器物层面的文化处于文化的最表层，是指人们在物质生产活动中所创造的全部物质产品，以及创造这些产品的手段、方法、工艺等；制度层面的文化处于文化的中层，它是人们为确立一定的社会关系并对其进行整合、调控而建立的各种规范体系；观念层面的文化则处于文化的最里层，它包括人们的心态、心理、观念、思想、信念、信仰，以及理论化、对象化的思想理论体系等。文化的器物、制度和观念三个层面的划分是思维中的抽象。在实际生活中，文化的三个层面或三个层面的文化是相互交织、渗透在一起的，彼此不能分开。三个层面中，器物层面最活跃，变动最频繁；制度层面则规定着文化整体的性质，变动缓慢；观念层面处于最深层、最核心的位置，最为稳固。价值观作为观念的核心，又是整个文化的核心。

知识产权文化是一种创新、思辨文化。要想转变对知识产权创造的狭隘认识，一是从认为专利创造是高大上逐步向人人都可创造、有想法就能实现专利权转变。要及时把想法写出来，按规定格式申请，就可获得知识产权，符合创新性、新颖性、实用性的理念、技术、产品都是知识产权，除专利外，还要重视商标创造、版权等知识产权创造。二是把被动完成考核指标转变为主动创造知识产权、创造专利技术包。通过专利检索分析，制定规划，从科研一开始，同步开展知识产权创造，由过去几件到现在几十件甚至上百件，形成核心专利组合，要形成专利包（核心专利组合）技术创新的主要目标和成果，而不仅仅是研究报告、几件零散的专利、论文。获得知识产权（专利）是科技创新的主要标志，这对单位、集体、个人来说都是名利双赢，既可以带动经济效益和技术进步，又实现了技术创新成果资本化。三是认识知识产权（专利）价值。WIPO认为搞好专利分析检索可分别节约40%的科研经费和缩短60%的研发时间，其核心是做好专利导航、专利信息分析等基础工作。四是要做好专利运营，运营包括从申请阶段的转让、许可到最终产业化全过程的转让许可。五是知识产权产业是朝阳产业，节能环保、新能源、新材料等新兴战略性产业也是朝阳产业，知识产权专利与新兴战略性产业的结合和深度融合，比翼双飞，必将对创新驱动战略实施、促进知识产权强国建设，对经济社会发展具有巨大的推动作用。

第 7 章 知识产权文化

7.1 知识产权文化的核心

崇尚创新、宽容失败、实现价值应该是知识产权文化的核心。首先要认识到知识产权是一种制度的产物。专利制度通过将科技成果内容公开，方便了社会对新技术内容的了解，这一举措从两方面优化了创新资源的配置。一方面使得相关领域的后续研究者通过了解技术方案的详情，减少向产出边际效益较低的重复技术点的创新资源投入，增加向产出边际收益较高的突破性创新技术点的资源投入，实现技术选择的优化。另一方面，在同一技术点上，可以提高后续研究者的技术研发起点，借鉴前人经验，汲取前人教训，从而更为合理地安排科研经费、人力的投入比例和时间，实现技术创新流程和要素投入的优化。在知识经济时代，知识产权（专利）作为越来越重要的生产要素，日益成为企业建立和强化市场竞争优势的关键基石。较高的知识产权（专利）资源拥有量和较强的知识产权（专利）运用能力，往往能够给相关主体创造更长时间、更大范围的垄断优势，进而具有较强的市场控制力。

当前，关于知识产权文化的核心要义体现在尊重知识、崇尚创新、打击侵权假冒。仔细斟酌，还可以再提炼，更加体现知识产权特征的文化含义，如崇尚创新、宽容失败、实现价值等。宽容失败的主意是鼓励创新，包容失败，让敢试敢闯成为引领社会发展新风。实现价值，则将创新的目标紧紧围绕解决人类社会发展、人类科学探索等真正现实价值和长远价值的活动，而不是标新立异，哗众取宠，为了创新而创新，即创新成果具有科学价值、技术价值、经济价值、社会价值、文化价值。

建立完善的知识产权保护制度，创造平等竞争的良好环境。用好人才重点是科技人才，使他们名利双收，名就是荣誉，利就是现实的物质利益回报。其中，拥有产权是最大的激励。要加大知识产权保护力度，提高侵权代价和违法成本，震慑违法侵权行为。

创新是一个系统工程，创新链、产业链、资金链、政策链相互交织、相互支撑，只在一个环节或几个环节进行改革是不够的，必须全面布置，并坚定不移推进。科技创新、制度创新要协同发挥作用，两个轮子一起转。要正确评价科技创新成果的科学价值、技术价值、经济价值、社会价值、文化价值。在全社会营造鼓励创新、宽容失败的氛围。

要加强知识产权保护，积极实行以增加知识价值为导向的分配政策，包括提高科研人员成果转化收益分享比例，探索对创新人才实行股权、期权、分红等激励措施，让他们各得其所。

开展知识产权综合管理改革试点，要紧扣创新发展要求，发挥专利、商标、版权等知识产权的引领作用，打通知识产权创造、运用、保护、管理、服务全链条，建立高效的知识产权综合管理体制，构建便民利民的知识产权运行机制，推动形成权界清晰、分工合理、责权一致、运转高效的体制机制。产权保护特别是知识产权保护是塑造良好营商环境的重要方面。要完善知识产权保护相关法律法规，提高知识产权审查质量和审查效率，要加快新兴领域和业态知识产权保护制度建设，要加大知识产权侵权违法行为惩治力度，让侵权者付出沉重的代价。要调动拥有知识产权的自然人和法人的积极性和主动性，提升产权意识，自觉运用法律武器依法维权。

7.2 知识产权文化传播的物质基础

文化的传播与传承主要是靠经典著作、文集，靠博物馆、展览馆、纪念馆、培训基地等物质性实体建筑来支撑。目前，关于知识产权文化方面的教育培训基地建设已经为知识产权主管部门所重视和推动，但教育内容、方式等还不健全、不生动、不新颖，吸引力还不够。有关博物馆、展览馆、纪念馆等则基本上属于空白。国家需要将知识产权文化教育传承馆舍建设纳入创兴驱动发展战略的重要基础设施建设规划，展示发明成果、发明技术、发明价值等多方面知识产权创造、保护、运用等方面对人类社会发展的巨大作用。通过展馆的永久性、循环性、直接性的展示，激发和增强人们的知识产权意识，身临其境感知发明创造的无限力量和情趣，激励人们通过创造发明解决人类社会发展、国民经济发展中的重大技术问题，让崇尚创新、宽容失败、实现价值的知识产权文化深入人心，还要充分利用 4.26 国际知识产权日等活动专题开展弘扬知识产权文化的各项活动。

7.3 知识产权文化交流、共享与互鉴

创新无国界，知识产权有国界。人类社会通过创新推动社会进步，知识产权文化也是人类文化发展的重要方面。其应该是国际文化人文交流、经济技术交流的主要内容之一。在经济全球化、"一带一路"建设发展、WTO 机制不断强化的国际国内环境下，特别是逆国际化的国际贸易保护主义抬头，迫切需要人文文化的交流、共享与互鉴，特别是在有关经济技术方面的交流合作，都离不开知识产权及其文化。通过知识产权文化交流，加强双方在尊重对方创新成果、利用和尊重对方制度下的共同意识，加强相互理解与沟通，避免因为文化的差异引起合作中不必要的误解和不协调因素产生，推动国际合作向更高层次发展。

大力宣传我国在知识产权保护方面的巨大成绩和重要措施。树立一个负责任的大国形象，通过知识产权文化影响带动国际技术的引进与出口工作，将知识产权文化纳入国际经济技术合作的重要内容予以高度重视，使知识产权文化成为我国文化的重要组成部分，为增强中国文化自信发挥应有的作用。

第 8 章　知识产权发展

知识产权管理是国家治理体系和治理能力现代化的重要组成部分。具体地讲，其也要根据国家的总体布局，建立健全知识产权行政管理体系、知识产权执法体系、知识产权技术支撑体系及能力建设。目前，上述三个体系还没有完整建立起来，国家层面的技术支撑体系基本建成，但行政管理与执法体系还没有建成，尤其是执法体系几乎是空白，至于省以下除了必要的行政管理职能外，其他则基本上是空白。当前主要关注的还是知识产权综合管理改革。关于知识产权发展的最新要求或方向就是 2019 年 11 月中共中央国务院发布的《关于强化知识产权保护的意见》，知识产权的未来发展都要围绕该意见的实施来进行。

关于知识产权发展的研究探索在不停地进行中，党的十八届五中全会明确指出："要深化知识产权领域改革。"《国务院关于新形势下加快知识产权强国建设的若干意见》写道："鼓励有条件的地方开展知识产权综合管理改革试点。"2016 年 12 月，中央全面深化改革领导小组第三十次会议审议通过《关于开展知识产权综合管理改革试点总体方案》（以下简称《总体方案》），随后由国务院办公厅印发。作为全面深化改革的重要内容，知识产权综合管理改革的号角已经吹响。

中国知识产权报社举办知识产权综合管理改革研讨会，来自政府部门、高校、科研院所、企业、服务机构的十余位专家学者汇聚一堂，共话知识产权综合管理改革。与会专家认为，要牢牢抓住体制机制这个"牛鼻子"，深化知识产权领域改革。我国要建立高效的知识产权综合管理体制，探索支撑创新发展的知识产权运行机制，推动形成权界清晰、分工合理、责权一致、运转高效的体制机制。

8.1　改革成为迫切需求

"我们公司设有专门的知识产权部，但是这个部门仅有的 14 个人需要处理专利、商标和软件著作权三个方面的工作，分跑三个部门，十分麻烦，如果公司分设 3 个部门又造成管理过于分散。"飞天诚信科技股份有限公司副总经理韩雪峰在会上道出了企业开展知识产权工作中遇到的不便。他认为，实行专利、商标、版权"三合一"集中管理，将大大提高企业开展知识产权创造、运用、保护等方面的工作效率。

"联想集团每年要产出大量的创新成果，知识产权首先要确定权利，在确定权利的过程中，如果能够有统一的接口，肯定会极大地简化企业内部的知识产权管理和运营工序，为我们带来便利。"联想集团全球法务资深专利主管何永春对于知识产权综合管理改革也深感赞同。

除为企业带来更多的便利、实惠外，知识产权综合管理改革对于解决我国知识产权管理中的更深层次问题，加快建设知识产权强国意义重大。"这些年我参加了专利法的执法检查和修订，今年又刚参加了著作权法的执法检查，在这一过程中，看到我国在知识产权管理方面一个突出的问题，就是在知识产权的行政管理和执法等各个方面，多个部门各成体系、各管一摊，管理多头分散，效率低下。因此，深化对原有的知识产权管理体制的改革，确实很有必要。"中国科学院大学公共政策管理学院院长方新认为。

"我们要建立综合性的管理体制，按照'精简、统一、效能'的原则，组建统一的知识产权行政管理部门。"国家行政学院公共管理教研部教授宋世明表示。

8.2 改革符合发展规律

"'综合'二字，从内容上看，应该是两个方面的综合，一个是纵向打通全链条，另一个是横向协同。"国务院发展研究中心创新发展部第一研究室主任沈恒超认为，在纵向上，《总体方案》明确提出，按照党中央、国务院决策部署，深化知识产权领域改革，依法严格保护知识产权，打通知识产权创造、运用、保护、管理、服务全链条。因此，知识产权综合管理改革中的管理不光是狭义上的管理，改革的切入点是管理、保护和公共服务，目的就是要打通知识产权全链条。在横向上，知识产权管理和执法跟一般的市场执法管理存在诸多不同，涉及专业技术、无形资产等问题，技术性更强。要以改革促发展，充分发挥专利、商标、版权等知识产权的协同效应，激励创业创新，推动供需结构升级。

据统计，截至2020年2月，世界知识产权组织已有100多个成员国，实行集中管理的国家占绝大多数，只有中国、朝鲜、埃及等少数几个国家实行完全分散管理。"知识产权综合管理已经成为世界通行的做法。"在北京大学国际知识产权研究中心主任易继明看来，尽快开展知识产权综合管理改革试点将有利于提高我国对外贸易谈判效率，也符合世界科技创新潮流和历史发展的必然趋势。

有关专家一致表示，在进行知识产权综合管理改革过程中，要严格遵循习近平总书记的重要指示精神和中央全面深化改革领导小组会议精神，以及《总体方案》要求，要在纵向上有利于打通知识产权的创造、运用、保护、管理、服务全链条，要在横向上有利于实现专利、商标、版权等知识产权的协同效应。同时，改革要符合国家的基本国情和现实发展需要，要符合知识产权工作的客观规律，要符合国际惯例。我们要逐渐从以往知识产权领域"九龙治水"的分散管理走向集中管理，从而形成合力，加快知识产权强国建设。

8.3 改革积聚实践经验

"我国知识产权综合管理改革,'慢慢走'不如'快快行',力争调档提速向前进。"大连理工大学知识产权学院院长陶鑫良认为,根据我国国情和形势需要,我国知识产权综合管理改革亟待进一步提速,大力探索与积聚知识产权综合管理改革经验,力求尽快全方位推广知识产权综合管理的成熟经验及其成功模式。

近年来,我国一些地方已经进行了知识产权综合管理改革探索,取得了可喜的成效。2015年1月1日,全国首家实现专利、商标、版权"三合一"综合管理和执法的知识产权局在上海浦东新区正式运行。上海浦东新区知识产权局将专利、商标、版权集中管理,构建了"管理和执法统一、保护和促进统一、交易和运用统一"的工作体系,为营造国际化、法治化、便利化的营商环境打下了基础。上海市知识产权局局长吕国强介绍,两年多来,上海浦东新区的知识产权创造质量、运用效益、保护效果、管理能力和服务水平均得到了显著提升,改革所释放出来的一系列制度优势为浦东新区内的广大企业所称道。而在2017年3月,四川成都郫都区将原由三个部门分别承担的专利、商标、版权的行政管理和行政执法职责划入新组建的区知识产权局。其下设的知识产权服务中心将专利、商标、版权业务集中办理,方便了相关企业及个人的咨询、办理。同时,充分发挥知识产权综合执法大队的专业优势,郫都区知识产权局成立以来,已参与调解、查处各类知识产权案件110余起,有效维护了市场秩序。

2017年7月,我国确定第一批知识产权综合管理改革试点地方,决定首批在福建厦门、山东青岛、广东深圳、湖南长沙、江苏苏州、上海徐汇区6个市(区)级层面开展知识产权综合管理改革试点。知识产权综合管理改革正逢其时,成熟经验及成功模式值得期待。(吴珂/中国知识产权报)

开展知识产权综合管理试点及时且必要。知识产权综合管理改革实现从分散管理到综合治理的转变,必须厘清政府和市场的关系、部门之间的关系,以及中央和地方的关系,推动形成符合我国国情和现实需要,符合内在规律的体制机制。政府在保护知识产权时,其职责需要予以明确;知识产权涉及多个部门,需要增强协调力度,完善行政执法与司法保护的衔接;由于可能出现同案不同判的情况,对于中央和地方、地方之和地方之间的关系,也要有更明确的梳理、界定。

此外,调动各方力量大胆探索将有利于实现综合管理改革目标。通过政策措施调动各方积极性、整合多源智慧力量将有助于尽早取得改革成果。(方新/中国科学院大学公共政策管理学院院长)

在知识产权领域改革,开展知识产权综合管理改革试点,对于促进我国尽早迈入创新型国家行列乃至创新型国家前列,具有重要意义。知识产权综合管理改革头绪众多,难度较大。在改革实践中立足中央层面进行顶层设计和统筹协调,地方层面大胆创新、率先突破,将能更好地发挥顶层设计与实践探索相结合、整体推进和重点突破相结合的优势。

知识产权管理和执法,跟一般市场监管不是一回事,技术性比较强,又涉及复审的问题。在实践中与法院是类似的,现在法院都探索设立了专门的知识产权法院,体现了知识产权专业性和技术性强的特点。(沈恒超/国务院发展中心创新发展部第一研究室主任)

中国知识产权管理体制的软肋是"形散且神散",主要体现在职能配置、协调机制、执法体系、涉外应对的碎片化上。知识产权综合管理改革要建立综合性的管理体制,组建统一的知识产权行政管理部门,同时,推进专利、商标、著作权等知识产权综合行政执法。

知识产权综合管理不能跟市场监管改革混为一谈。知识产权管理说到底是一种价值链的管理,市场监管是对市场行为、企业行为和市场秩序的管理,两者有本质的区别。在地方,政府主管可能认为知识产权执法力量太弱,要增加人而没有编制,正好别的部门有队伍,就用别的队伍。这就是把知识产权综合管理改革与市场监管混为一谈,就完全失败了。(宋世明/国家行政学院公共管理教研部教授)

实行知识产权综合管理改革,构建集中统一的知识产权综合管理体制既符合国际惯例,有利于对外贸易发展,也是完善知识产权全链条管理,降低制度运行成本的必然要求。

知识产权综合管理改革对我国行政体制的统筹协调能力提出了更高要求。推动知识产权综合管理改革,需要中央明确改革方向与信号,同时鼓励地方因地制宜,根据产业生态与科技创新的不同情况,发挥能动性,探索符合当地经济发展水平的管理框架。纵向还需要把科技推动、产业支撑、商业融合、贸易促进有机结合起来,打通知识产权创造、运用、保护、管理、服务全链条。此外,优化公共服务与促进军民融合的问题也应当纳入知识产权综合管理改革范围中。(易继明/北京大学国际知识产权研究中心主任)

当前,我国知识产权侵权违法成本过低,侵权易发多发的困境尚未根本缓解,相应的惩处措施难以对侵权者形成震慑,权利人的合法权益易受到侵害。知识产权综合管理改革可以解决知识产权管理体制机制不完善、保护不够严格、服务能力不强、对创新驱动发展战略缺乏强有力支撑等突出问题。

知识产权综合管理改革是一个涉及多部门、多层级的问题。知识产权涉及的众多具体问题不仅与知识产权系统相关,还与整个创新体系有关,要把推进知识产权综合管理改革放在重要的地位。通过开展知识产权综合管理改革试点,形成经验,扎实有序推进《总体方案》的具体落实。(薛澜/清华大学公共管理学院院长)

在企业知识产权管理上,联想集团知识产权团队负责联想集团全球的专利、商标、版权等所有知识产权事务,执行统一的企业知识产权策略,执行完全相同的标准和流程。

联想集团知识产权团队的工作模式,就是一个综合管理的模式。同时,联想集团每年都要产出很多创新成果,其要获得知识产权首先要确定权利,在确定权利的过程中,如果能够有统一的接口,将会极大降低管理和运营的成本。

对于改革的具体内容,除了简化流程,集中办公之外,建议在知识产权综合管理机构

中设立统一的咨询指导窗口。（何永春/联想集团全球法务资深专利主管）

从知识产权综合管理改革来讲，知识产权政府部门一般有两大职能，第一个是行政管理，第二个是公共服务。从行政管理上讲，"三合一"是较好的一种模式，比如说现在专利、商标和版权各块是分割的，各条块的监管是分开的，这肯定是不利的。在机构设置上，从提供公共服务的职能上看，"三合一"模式有利于建立一个对外的统一窗口。

从国家和国际层面上看，"三合一"模式对于我国在全球博弈中掌握话语权也有很好的效果。对外只有一个声音，都在一个政府部门的职能范围之内，不会有信息和相互配合上的脱节，从顶层设计来讲这也是非常重要的。

在知识产权领域，多头分散的中央管理格局与复杂多样的地方管理体系，是当前面临的突出问题。政出多门限制了知识产权的集成运用，也增加了企业的运营成本。纵观世界知识产权组织的其他成员国，大多是实行综合管理的模式，开展知识产权综合管理改革试点，应推行"三合一"的管理模式，整合优化执法资源，统筹知识产权综合行政执法，有效提高行政资源的效率。（张勤/中国科协原副主席）

建立高效的知识产权综合管理体制，构建便民利民的知识产权公共服务体系，是此次《总体方案》的主要任务，试点做好行政执法与知识产权司法工作特别是知识产权法院的衔接将是地方知识产权部门需要把握的重点工作。（党晓林/北京三友知识产权代理有限公司总经理）

打造高效、协调的知识产权综合管理机构，更好地支撑创新驱动发展势在必行。知识产权综合管理改革工作的稳步推进离不开主要政府机构的积极推动，我国的知识产权综合管理改革可以借鉴各国相关经验，进一步落实、完善各部门职责，切实推进改革不断前进。

知识产权综合管理改革应当站在市场经济角度，一方面从纵向上打通知识产权创造、运用、保护、管理、服务全链条，另一方面在横向上发挥专利、商标、版权等知识产权的协同效应。市场监管只是知识产权综合管理改革很小的一部分内容。将知识产权保护放到市场监管框架下可能造成标准不统一，执法不统一。（韩秀成/国家知识产权局知识产权发展研究中心主任）

知识产权综合管理改革要紧扣党中央、国务院的总体要求，紧扣中央的顶层设计。从《总体方案》可以提炼出改革的六字主要任务：一是体制，要解决长期以来知识产权行政管理和行政执法体制的问题；二是体系，要建立起便民利民的公共服务体系；三是机制，通过改革打通知识产权创造、运用、保护、管理、服务的全链条。

结合上海浦东改革实际，通过专利、商标、版权"三合一"的改革，对知识产权创造、运用、保护和管理各环节的全部要素进行重新架构，构建起"管理和执法统一、保护和促进统一、交易和运用统一"的知识产权工作体系，实现了知识产权行政管理更加顺畅、执法保护体系进一步完善的目标。（吕国强/上海市知识产权局局长）

知识产权综合管理改革，一方面要建立相对统一的知识产权管理体制，全面加强科技、经济、教育、文化等重点部门的知识产权职能，强化企业、高校、院所、服务机构和行业协会等的知识产权管理工作，使知识产权强国建设各项工作落到实处。

另一方面，需要推进知识产权管理机制整合再造。综合管理改革不仅是合并机构，还要实现知识产权信息等各类服务的便利化、集约化、高效化，构建体系完备、运转高效的知识产权维权援助网络，建立与司法衔接良好的专业综合的知识产权行政执法机制，构建促进市场主体创新发展的知识产权服务体系，引导市场主体综合运营知识产权，提升知识产权价值，加速知识产权转化运用。（朱宇/江苏知识产权研究院院长）

知识产权制度是一个函数，科学技术进步是最重要的自变量。随着科学技术飞速发展，知识产权综合管理改革势在必行、利在速行。

第一，符合国际惯例，以整合化代分散化。顺乎国际惯例，建设统一的知识产权综合管理体制乃是大势所趋。

第二，符合知识产权内在规律，将知识产权综合行政管理主要范围设计为"三加一"模式，即专利、商标、著作权加商业秘密。

第三，符合基本国情与现实需求，知识产权综合管理改革需"快快行"。既要明确"问题导向，紧扣发展，统筹推进，大胆创新"的知识产权综合管理改革思路，也应根据我国国情和形势尽快全方位推广知识产权综合管理成熟经验及其成功模式。（陶鑫良/大连理工大学知识产权学院院长）

从国际上看，美国、日本、韩国和英国等国家的知识产权管理体系，都是综合管理模式。知识产权综合管理符合国际惯例，同时，还能够提高知识产权的执法监管力度，完善执法体系。

对于企业管理来说，效率和成本是关注的重点。例如，飞天诚信科技股份有限公司下设一个知识产权部门，负责企业知识产权包括专利、商标、版权等在内的所有事宜。在实际工作中，企业知识产权质押融资，商标和专利在不同的地方登记，就需要跑不同的部门，如果实行专利、商标、版权"三合一"模式，则跑一趟就够了，能够提升效率，节约成本。（韩雪峰/飞天诚信科技股份有限公司副总经理）

附　　录

1. 中共中央办公厅国务院办公厅印发《关于强化知识产权保护的意见》

中共中央办公厅国务院办公厅印发
《关于强化知识产权保护的意见》

加强知识产权保护，是完善产权保护制度最重要的内容，也是提高我国经济竞争力的最大激励。为贯彻落实党中央、国务院关于强化知识产权保护的决策部署，进一步完善制度、优化机制，现提出如下意见。

一、总体要求

以习近平新时代中国特色社会主义思想为指导，全面贯彻党的十九大和十九届二中、三中、四中全会精神，紧紧围绕统筹推进"五位一体"总体布局和协调推进"四个全面"战略布局，牢固树立保护知识产权就是保护创新的理念，坚持严格保护、统筹协调、重点突破、同等保护，不断改革完善知识产权保护体系，综合运用法律、行政、经济、技术、社会治理手段强化保护，促进保护能力和水平整体提升。力争到2022年，侵权易发多发现象得到有效遏制，权利人维权"举证难、周期长、成本高、赔偿低"的局面明显改观。到2025年，知识产权保护社会满意度达到并保持较高水平，保护能力有效提升，保护体系更加完善，尊重知识价值的营商环境更加优化，知识产权制度激励创新的基本保障作用得到更加有效发挥。

二、强化制度约束，确立知识产权严保护政策导向

（一）加大侵权假冒行为惩戒力度。研究制定知识产权基础性法律的必要性和可行性，加快专利法、商标法、著作权法等修改完善。完善地理标志保护相关立法。加快在专利、著作权等领域引入侵权惩罚性赔偿制度。大幅提高侵权法定赔偿额上限，加大损害赔偿力度。强化民事司法保护，有效执行惩罚性赔偿制度。研究采取没收违法所得、销毁侵权假冒商品等措施，加大行政处罚力度，开展关键领域、重点环节、重点群体行政执法专项行动。规制商标恶意注册、非正常专利申请以及恶意诉讼等行为。探索加强对商业秘密、保密商务信息及其源代码等的有效保护。加强刑事司法保护，推进刑事法律和司法解释的修订完善。加大刑事打击力度，研究降低侵犯知识产权犯罪入罪标准，提高量刑处罚力度，修改罪状表述，推动解决涉案侵权物品处置等问题。强化打击侵权假冒犯罪制度建设，探索完善数据化打假情报导侦工作机制，开展常态化专项打击行动，持续保持高压严打态势。

(二)严格规范证据标准。深入推进知识产权民事、刑事、行政案件"三合一"审判机制改革,完善知识产权案件上诉机制,统一审判标准。制定完善行政执法过程中的商标、专利侵权判断标准。规范司法、行政执法、仲裁、调解等不同渠道的证据标准。推进行政执法和刑事司法立案标准协调衔接,完善案件移送要求和证据标准,制定证据指引,顺畅行政执法和刑事司法衔接。制定知识产权民事诉讼证据规则司法解释,着力解决权利人举证难问题。探索建立侵权行为公证悬赏取证制度,减轻权利人举证责任负担。

(三)强化案件执行措施。建立健全知识产权纠纷调解协议司法确认机制。建立完善市场主体诚信档案"黑名单"制度,实施市场主体信用分类监管,建立重复侵权、故意侵权企业名录社会公布制度,健全失信联合惩戒机制。逐步建立全领域知识产权保护案例指导机制和重大案件公开审理机制。加强对案件异地执行的督促检查,推动形成统一公平的法治环境。

(四)完善新业态新领域保护制度。针对新业态新领域发展现状,研究加强专利、商标、著作权、植物新品种和集成电路布图设计等的保护。探索建立药品专利链接制度、药品专利期限补偿制度。研究加强体育赛事转播知识产权保护。加强公证电子存证技术推广应用。研究建立跨境电商知识产权保护规则,制定电商平台保护管理标准。编制发布企业知识产权保护指南,制定合同范本、维权流程等操作指引,鼓励企业加强风险防范机制建设,持续优化大众创业万众创新保护环境。研究制定传统文化、传统知识等领域保护办法,加强中医药知识产权保护。

三、加强社会监督共治,构建知识产权大保护工作格局

(五)加大执法监督力度。加强人大监督,开展知识产权执法检查。发挥政协民主监督作用,定期开展知识产权保护工作调研。建立健全奖优惩劣制度,提高执法监管效能。加强监督问责,推动落实行政执法信息公开相关规定,更大范围更大力度公开执法办案信息,接受社会和舆论监督。

(六)建立健全社会共治模式。完善知识产权仲裁、调解、公证工作机制,培育和发展仲裁机构、调解组织和公证机构。鼓励行业协会、商会建立知识产权保护自律和信息沟通机制。引导代理行业加强自律自治,全面提升代理机构监管水平。加强诚信体系建设,将知识产权出质登记、行政处罚、抽查检查结果等涉企信息,通过国家企业信用信息公示系统统一归集并依法公示。建立健全志愿者制度,调动社会力量积极参与知识产权保护治理。

(七)加强专业技术支撑。加强科技研发,通过源头追溯、实时监测、在线识别等技术手段强化知识产权保护。建设侵权假冒线索智能检测系统,提升打击侵权假冒行为效率及精准度。在知识产权行政执法案件处理和司法活动中引入技术调查官制度,协助行政执法部门、司法部门准确高效认定技术事实。探索加强知识产权侵权鉴定能力建设,研究建立侵权损害评估制度,进一步加强司法鉴定机构专业化、程序规范化建设。

四、优化协作衔接机制,突破知识产权快保护关键环节

(八)优化授权确权维权衔接程序。加强专利、商标、植物新品种等审查能力建设,

进一步压缩审查周期。重点提高实用新型和外观设计专利审查质量，强化源头保护。进一步发挥专利商标行政确权远程审理、异地审理制度在重大侵权行政执法案件处理中的作用。健全行政确权、公证存证、仲裁、调解、行政执法、司法保护之间的衔接机制，加强信息沟通和共享，形成各渠道有机衔接、优势互补的运行机制，切实提高维权效率。

（九）加强跨部门跨区域办案协作。制定跨部门案件处理规程，健全部门间重大案件联合查办和移交机制。健全行政执法部门与公安部门对涉嫌犯罪的知识产权案件查办工作衔接机制。在案件多发地区探索建立仲裁、调解优先推荐机制。建立健全知识产权案件分流制度，推进案件繁简分流机制改革。推动建立省级行政区内知识产权案件跨区域审理机制，充分发挥法院案件指定管辖机制作用，有效打破地方保护。

（十）推动简易案件和纠纷快速处理。建立重点关注市场名录，针对电商平台、展会、专业市场、进出口等关键领域和环节构建行政执法、仲裁、调解等快速处理渠道。推动电商平台建立有效运用专利权评价报告快速处置实用新型和外观设计专利侵权投诉制度。指导各类网站规范管理，删除侵权内容，屏蔽或断开盗版网站链接，停止侵权信息传播，打击利用版权诉讼进行投机性牟利等行为。

（十一）加强知识产权快保护机构建设。在优势产业集聚区布局建设一批知识产权保护中心，建立案件快速受理和科学分流机制，提供快速审查、快速确权、快速维权"一站式"纠纷解决方案。加快重点技术领域专利、商标、植物新品种审查授权、确权和维权程序。推广利用调解方式快速解决纠纷，高效对接行政执法、司法保护、仲裁等保护渠道和环节。

五、健全涉外沟通机制，塑造知识产权同保护优越环境

（十二）更大力度加强国际合作。积极开展海外巡讲活动，举办圆桌会，与相关国家和组织加强知识产权保护合作交流。探索在重要国际展会设立专题展区，开展中国知识产权保护成就海外巡展。充分发挥知识产权制度对促进共建"一带一路"的重要作用，支持共建国家加强能力建设，推动其共享专利、植物新品种审查结果。充分利用各类多双边对话合作机制，加强知识产权保护交流合作与磋商谈判。综合利用各类国际交流合作平台，积极宣传我国知识产权保护发展成就。

（十三）健全与国内外权利人沟通渠道。通过召开驻华使领馆信息沟通会、企业座谈会等方式，加强与国内外行业协会、商会、社会团体等信息交流。组织召开知识产权保护要情通报会，及时向新闻媒体和社会公众通报重大事项和进展，增信释疑，积极回应国内外权利人关切。

（十四）加强海外维权援助服务。完善海外知识产权纠纷预警防范机制，加强重大案件跟踪研究，建立国外知识产权法律修改变化动态跟踪机制，及时发布风险预警报告。加强海外信息服务平台建设，开展海外知识产权纠纷应对指导，构建海外纠纷协调解决机制。支持各类社会组织开展知识产权涉外风险防控体系建设。鼓励保险机构开展知识产权海外

侵权责任险、专利执行险、专利被侵权损失险等保险业务。建立海外维权专家顾问机制，有效推动我国权利人合法权益在海外依法得到同等保护。

（十五）健全协调和信息获取机制。完善涉外执法协作机制，加大工作协调力度，进一步加强我国驻外使领馆知识产权对外工作。选设海外知识产权观察企业和社会组织，建立信息沟通机制。健全重大涉外知识产权纠纷信息通报和应急机制。组织开展我国企业海外知识产权保护状况调查，研究建立国别保护状况评估机制，推动改善我国企业海外知识产权保护环境。

六、加强基础条件建设，有力支撑知识产权保护工作

（十六）加强基础平台建设。建立健全全国知识产权大数据中心和保护监测信息网络，加强对注册登记、审批公告、纠纷处理、大案要案等信息的统计监测。建立知识产权执法信息报送统筹协调和信息共享机制，加大信息集成力度，提高综合研判和宏观决策水平。强化维权援助、举报投诉等公共服务平台软硬件建设，丰富平台功能，提升便民利民服务水平。

（十七）加强专业人才队伍建设。鼓励引导地方、部门、教育机构、行业协会、学会加大对知识产权保护专业人才培训力度。加强知识产权行政执法和司法队伍人员配备和职业化专业化建设，建立有效激励行政执法和司法人员积极性的机制，确保队伍稳定和有序交流。推动知识产权刑事案件办理专业化建设，提高侦查、审查逮捕、审查起诉、审判工作效率和办案质量。在有关管理部门和企事业单位，全面推行公职律师、公司律师、法律顾问制度，促进知识产权管理和保护工作法治化。充分发挥律师等法律服务队伍作用，做好知识产权纠纷调解、案件代理、普法宣传等工作。建立健全知识产权仲裁、调解、公证、社会监督等人才的选聘、管理、激励制度。加强知识产权保护专业人才岗位锻炼，充分发挥各类人才在维权实践中的作用。

（十八）加大资源投入和支持力度。各地区各部门要加大对知识产权保护资金投入力度。鼓励条件成熟的地区先行先试，率先建设知识产权保护试点示范区，形成若干保护高地。推动知识产权行政执法和司法装备现代化、智能化建设。鼓励企业加大资金投入，并通过市场化方式设立知识产权保护维权互助基金，提升自我维权能力和水平。

七、加大组织实施力度，确保工作任务落实

（十九）加强组织领导。全面加强党对知识产权保护工作的领导。各有关方面要按照职能分工，研究具体政策措施，协同推动知识产权保护体系建设。国家知识产权局要会同有关部门不断完善工作机制，加强协调指导和督促检查，确保各项工作要求有效落实，重大问题要及时按程序向党中央、国务院请示报告。

（二十）狠抓贯彻落实。地方各级党委和政府要全面贯彻党中央、国务院决策部署，落实知识产权保护属地责任，定期召开党委或政府专题会议，研究知识产权保护工作，加强体制机制建设，制定配套措施，落实人员经费。要将知识产权保护工作纳入地方党委和政府重要议事日程，定期开展评估，确保各项措施落实到位。

（二十一）强化考核评价。建立健全考核评价制度，将知识产权保护绩效纳入地方党委和政府绩效考核和营商环境评价体系。建立年度知识产权保护社会满意度调查制度和保护水平评估制度。完善通报约谈机制，督促各级党委和政府加大知识产权保护工作力度。

（二十二）加强奖励激励。按照国家有关规定，对在知识产权保护工作中作出突出贡献的集体和个人给予表彰。鼓励各级政府充分利用现有奖励制度，对知识产权保护先进工作者和优秀社会参与者加强表彰。完善侵权假冒举报奖励机制，加大对举报人员奖励力度，激发社会公众参与知识产权保护工作的积极性和主动性。

（二十三）加强宣传引导。各地区各部门要加强舆论引导，定期公开发布有社会影响力的典型案件，让强化知识产权保护的观念深入人心。加强公益宣传，开展知识产权保护进企业、进单位、进社区、进学校、进网络等活动，不断提高全社会特别是创新创业主体知识产权保护意识，推动形成新时代知识产权保护工作新局面。

2. 专利法

中华人民共和国专利法（修正）

（1984年3月12日第六届全国人民代表大会常务委员会第四次会议通过
根据1992年9月4日第七届全国人民代表大会常务委员会第二十七次会议《关于修改〈中华人民共和国专利法〉的决定》第一次修正　根据2000年8月25日第九届全国人民代表大会常务委员会第十七次会议《关于修改〈中华人民共和国专利法〉的决定》第二次修正　根据2008年12月27日第十一届全国人民代表大会常务委员会第六次会议《关于修改〈中华人民共和国专利法〉的决定》第三次修正
根据2020年10月17日第十三届全国人民代表大会常务委员会第二十二次会议《关于修改〈中华人民共和国专利法〉的决定》第四次修正）

第一章　总则

第一条　为了保护专利权人的合法权益，鼓励发明创造，推动发明创造的应用，提高创新能力，促进科学技术进步和经济社会发展，制定本法。

第二条　本法所称的发明创造是指发明、实用新型和外观设计。

发明，是指对产品、方法或者其改进所提出的新的技术方案。

实用新型，是指对产品的形状、构造或者其结合所提出的适于实用的新的技术方案。

外观设计，是指对产品的整体或者局部的形状、图案或者其结合以及色彩与形状、图案的结合所作出的富有美感并适于工业应用的新设计。

第三条　国务院专利行政部门负责管理全国的专利工作；统一受理和审查专利申请，

依法授予专利权。省、自治区、直辖市人民政府管理专利工作的部门负责本行政区域内的专利管理工作。

第四条 申请专利的发明创造涉及国家安全或者重大利益需要保密的，按照国家有关规定办理。

第五条 对违反法律、社会公德或者妨害公共利益的发明创造，不授予专利权。

对违反法律、行政法规的规定获取或者利用遗传资源，并依赖该遗传资源完成的发明创造，不授予专利权。

第六条 执行本单位的任务或者主要是利用本单位的物质技术条件所完成的发明创造为职务发明创造。职务发明创造申请专利的权利属于该单位，申请被批准后，该单位为专利权人。该单位可以依法处置其职务发明创造申请专利的权利和专利权，促进相关发明创造的实施和运用。

非职务发明创造，申请专利的权利属于发明人或者设计人；申请被批准后，该发明人或者设计人为专利权人。

利用本单位的物质技术条件所完成的发明创造，单位与发明人或者设计人订有合同，对申请专利的权利和专利权的归属作出约定的，从其约定。

第七条 对发明人或者设计人的非职务发明创造专利申请，任何单位或者个人不得压制。

第八条 两个以上单位或者个人合作完成的发明创造、一个单位或者个人接受其他单位或者个人委托所完成的发明创造，除另有协议的以外，申请专利的权利属于完成或者共同完成的单位或者个人；申请被批准后，申请的单位或者个人为专利权人。

第九条 同样的发明创造只能授予一项专利权。但是，同一申请人同日对同样的发明创造既申请实用新型专利又申请发明专利，先获得的实用新型专利权尚未终止，且申请人声明放弃该实用新型专利权的，可以授予发明专利权。两个以上的申请人分别就同样的发明创造申请专利的，专利权授予最先申请的人。

第十条 专利申请权和专利权可以转让。中国单位或者个人向外国人、外国企业或者外国其他组织转让专利申请权或者专利权的，应当依照有关法律、行政法规的规定办理手续。转让专利申请权或者专利权的，当事人应当订立书面合同，并向国务院专利行政部门登记，由国务院专利行政部门予以公告。专利申请权或者专利权的转让自登记之日起生效。

第十一条 发明和实用新型专利权被授予后，除本法另有规定的以外，任何单位或者个人未经专利权人许可，都不得实施其专利，即不得为生产经营目的制造、使用、许诺销售、销售、进口其专利产品，或者使用其专利方法以及使用、许诺销售、销售、进口依照该专利方法直接获得的产品。外观设计专利权被授予后，任何单位或者个人未经专利权人许可，都不得实施其专利，即不得为生产经营目的制造、许诺销售、销售、进口其外观设计专利产品。

第十二条 任何单位或者个人实施他人专利的，应当与专利权人订立实施许可合同，向专利权人支付专利使用费。被许可人无权允许合同规定以外的任何单位或者个人实施该专利。

第十三条 发明专利申请公布后,申请人可以要求实施其发明的单位或者个人支付适当的费用。

第十四条 专利申请权或者专利权的共有人对权利的行使有约定的,从其约定。没有约定的,共有人可以单独实施或者以普通许可方式许可他人实施该专利;许可他人实施该专利的,收取的使用费应当在共有人之间分配。

除前款规定的情形外,行使共有的专利申请权或者专利权应当取得全体共有人的同意。

第十五条 被授予专利权的单位应当对职务发明创造的发明人或者设计人给予奖励;发明创造专利实施后,根据其推广应用的范围和取得的经济效益,对发明人或者设计人给予合理的报酬。

国家鼓励被授予专利权的单位实行产权激励,采取股权、期权、分红等方式,使发明人或者设计人合理分享创新收益。

第十六条 发明人或者设计人有权在专利文件中写明自己是发明人或者设计人。

专利权人有权在其专利产品或者该产品的包装上标明专利标识。

第十七条 在中国没有经常居所或者营业所的外国人、外国企业或者外国其他组织在中国申请专利的,依照其所属国同中国签订的协议或者共同参加的国际条约,或者依照互惠原则,根据本法办理。

第十八条 在中国没有经常居所或者营业所的外国人、外国企业或者外国其他组织在中国申请专利和办理其他专利事务的,应当委托依法设立的专利代理机构办理。

中国单位或者个人在国内申请专利和办理其他专利事务的,可以委托依法设立的专利代理机构办理。

专利代理机构应当遵守法律、行政法规,按照被代理人的委托办理专利申请或者其他专利事务;对被代理人发明创造的内容,除专利申请已经公布或者公告的以外,负有保密责任。专利代理机构的具体管理办法由国务院规定。

第十九条 任何单位或者个人将在中国完成的发明或者实用新型向外国申请专利的,应当事先报经国务院专利行政部门进行保密审查。保密审查的程序、期限等按照国务院的规定执行。

中国单位或者个人可以根据中华人民共和国参加的有关国际条约提出专利国际申请。申请人提出专利国际申请的,应当遵守前款规定。

国务院专利行政部门依照中华人民共和国参加的有关国际条约、本法和国务院有关规定处理专利国际申请。对违反本条第一款规定向外国申请专利的发明或者实用新型,在中国申请专利的,不授予专利权。

第二十条 申请专利和行使专利权应当遵循诚实信用原则。不得滥用专利权损害公共利益或者他人合法权益。

滥用专利权，排除或者限制竞争，构成垄断行为的，依照《中华人民共和国反垄断法》处理。

第二十一条 国务院专利行政部门应当按照客观、公正、准确、及时的要求，依法处理有关专利的申请和请求。

国务院专利行政部门应当加强专利信息公共服务体系建设，完整、准确、及时发布专利信息，提供专利基础数据，定期出版专利公报，促进专利信息传播与利用。

在专利申请公布或者公告前，国务院专利行政部门的工作人员及有关人员对其内容负有保密责任。

第二章 授予专利权的条件

第二十二条 授予专利权的发明和实用新型，应当具备新颖性、创造性和实用性。

新颖性，是指该发明或者实用新型不属于现有技术；也没有任何单位或者个人就同样的发明或者实用新型在申请日以前向国务院专利行政部门提出过申请，并记载在申请日以后公布的专利申请文件或者公告的专利文件中。

创造性，是指与现有技术相比，该发明具有突出的实质性特点和显著的进步，该实用新型具有实质性特点和进步。

实用性，是指该发明或者实用新型能够制造或者使用，并且能够产生积极效果。

本法所称现有技术，是指申请日以前在国内外为公众所知的技术。

第二十三条 授予专利权的外观设计，应当不属于现有设计；也没有任何单位或者个人就同样的外观设计在申请日以前向国务院专利行政部门提出过申请，并记载在申请日以后公告的专利文件中。

授予专利权的外观设计与现有设计或者现有设计特征的组合相比，应当具有明显区别。

授予专利权的外观设计不得与他人在申请日以前已经取得的合法权利相冲突。

本法所称现有设计，是指申请日以前在国内外为公众所知的设计。

第二十四条 申请专利的发明创造在申请日以前六个月内，有下列情形之一的，不丧失新颖性：

（一）在国家出现紧急状态或者非常情况时，为公共利益目的首次公开的；

（二）在中国政府主办或者承认的国际展览会上首次展出的；

（三）在规定的学术会议或者技术会议上首次发表的；

（四）他人未经申请人同意而泄露其内容的。

第二十五条 对下列各项，不授予专利权：

（一）科学发现；

（二）智力活动的规则和方法；

（三）疾病的诊断和治疗方法；

（四）动物和植物品种；

（五）原子核变换方法以及用原子核变换方法获得的物质；

(六)对平面印刷品的图案、色彩或者二者的结合作出的主要起标识作用的设计。

对前款第(四)项所列产品的生产方法,可以依照本法规定授予专利权。

第三章 专利的申请

第二十六条 申请发明或者实用新型专利的,应当提交请求书、说明书及其摘要和权利要求书等文件。

请求书应当写明发明或者实用新型的名称,发明人的姓名,申请人姓名或者名称、地址,以及其他事项。

说明书应当对发明或者实用新型作出清楚、完整的说明,以所属技术领域的技术人员能够实现为准;必要的时候,应当有附图。摘要应当简要说明发明或者实用新型的技术要点。

权利要求书应当以说明书为依据,清楚、简要地限定要求专利保护的范围。

依赖遗传资源完成的发明创造,申请人应当在专利申请文件中说明该遗传资源的直接来源和原始来源;申请人无法说明原始来源的,应当陈述理由。

第二十七条 申请外观设计专利的,应当提交请求书、该外观设计的图片或者照片以及对该外观设计的简要说明等文件。

申请人提交的有关图片或者照片应当清楚地显示要求专利保护的产品的外观设计。

第二十八条 国务院专利行政部门收到专利申请文件之日为申请日。如果申请文件是邮寄的,以寄出的邮戳日为申请日。

第二十九条 申请人自发明或者实用新型在外国第一次提出专利申请之日起十二个月内,或者自外观设计在外国第一次提出专利申请之日起六个月内,又在中国就相同主题提出专利申请的,依照该外国同中国签订的协议或者共同参加的国际条约,或者依照相互承认优先权的原则,可以享有优先权。

申请人自发明或者实用新型在中国第一次提出专利申请之日起十二个月内,或者自外观设计在中国第一次提出专利申请之日起六个月内,又向国务院专利行政部门就相同主题提出专利申请的,可以享有优先权。

第三十条 申请人要求发明、实用新型专利优先权的,应当在申请的时候提出书面声明,并且在第一次提出申请之日起十六个月内,提交第一次提出的专利申请文件的副本。

申请人要求外观设计专利优先权的,应当在申请的时候提出书面声明,并且在三个月内提交第一次提出的专利申请文件的副本。

申请人未提出书面声明或者逾期未提交专利申请文件副本的,视为未要求优先权。

第三十一条 一件发明或者实用新型专利申请应当限于一项发明或者实用新型。属于一个总的发明构思的两项以上的发明或者实用新型,可以作为一件申请提出。

一件外观设计专利申请应当限于一项外观设计。同一产品两项以上的相似外观设计,或者用于同一类别并且成套出售或者使用的产品的两项以上外观设计,可以作为一件申请提出。

第三十二条　申请人可以在被授予专利权之前随时撤回其专利申请。

第三十三条　申请人可以对其专利申请文件进行修改，但是，对发明和实用新型专利申请文件的修改不得超出原说明书和权利要求书记载的范围，对外观设计专利申请文件的修改不得超出原图片或者照片表示的范围。

第四章　专利申请的审查和批准

第三十四条　国务院专利行政部门收到发明专利申请后，经初步审查认为符合本法要求的，自申请日起满十八个月，即行公布。国务院专利行政部门可以根据申请人的请求早日公布其申请。

第三十五条　发明专利申请自申请日起三年内，国务院专利行政部门可以根据申请人随时提出的请求，对其申请进行实质审查；申请人无正当理由逾期不请求实质审查的，该申请即被视为撤回。

国务院专利行政部门认为必要的时候，可以自行对发明专利申请进行实质审查。

第三十六条　发明专利的申请人请求实质审查的时候，应当提交在申请日前与其发明有关的参考资料。发明专利已经在外国提出过申请的，国务院专利行政部门可以要求申请人在指定期限内提交该国为审查其申请进行检索的资料或者审查结果的资料；无正当理由逾期不提交的，该申请即被视为撤回。

第三十七条　国务院专利行政部门对发明专利申请进行实质审查后，认为不符合本法规定的，应当通知申请人，要求其在指定的期限内陈述意见，或者对其申请进行修改；无正当理由逾期不答复的，该申请即被视为撤回。

第三十八条　发明专利申请经申请人陈述意见或者进行修改后，国务院专利行政部门仍然认为不符合本法规定的，应当予以驳回。

第三十九条　发明专利申请经实质审查没有发现驳回理由的，由国务院专利行政部门作出授予发明专利权的决定，发给发明专利证书，同时予以登记和公告。发明专利权自公告之日起生效。

第四十条　实用新型和外观设计专利申请经初步审查没有发现驳回理由的，由国务院专利行政部门作出授予实用新型专利权或者外观设计专利权的决定，发给相应的专利证书，同时予以登记和公告。实用新型专利权和外观设计专利权自公告之日起生效。

第四十一条　专利申请人对国务院专利行政部门驳回申请的决定不服的，可以自收到通知之日起三个月内向国务院专利行政部门请求复审。国务院专利行政部门复审后，作出决定，并通知专利申请人。

专利申请人对国务院专利行政部门的复审决定不服的，可以自收到通知之日起三个月内向人民法院起诉。

第五章　专利权的期限、终止和无效

第四十二条　发明专利权的期限为二十年，实用新型专利权的期限为十年，外观设计专利权的期限为十五年，均自申请日起计算。

自发明专利申请日起满四年，且自实质审查请求之日起满三年后授予发明专利权的，国务院专利行政部门应专利权人的请求，就发明专利在授权过程中的不合理延迟给予专利权期限补偿，但由申请人引起的不合理延迟除外。

为补偿新药上市审评审批占用的时间，对在中国获得上市许可的新药相关发明专利，国务院专利行政部门应专利权人的请求给予专利权期限补偿。补偿期限不超过五年，新药批准上市后总有效专利权期限不超过十四年。

第四十三条 专利权人应当自被授予专利权的当年开始缴纳年费。

第四十四条 有下列情形之一的，专利权在期限届满前终止：（一）没有按照规定缴纳年费的；（二）专利权人以书面声明放弃其专利权的。专利权在期限届满前终止的，由国务院专利行政部门登记和公告。

第四十五条 自国务院专利行政部门公告授予专利权之日起，任何单位或者个人认为该专利权的授予不符合本法有关规定的，可以请求国务院专利行政部门宣告该专利权无效。

第四十六条 国务院专利行政部门对宣告专利权无效的请求应当及时审查和作出决定，并通知请求人和专利权人。宣告专利权无效的决定，由国务院专利行政部门登记和公告。

对国务院专利行政部门宣告专利权无效或者维持专利权的决定不服的，可以自收到通知之日起三个月内向人民法院起诉。人民法院应当通知无效宣告请求程序的对方当事人作为第三人参加诉讼。

第四十七条 宣告无效的专利权视为自始即不存在。

宣告专利权无效的决定，对在宣告专利权无效前人民法院作出并已执行的专利侵权的判决、调解书，已经履行或者强制执行的专利侵权纠纷处理决定，以及已经履行的专利实施许可合同和专利权转让合同，不具有追溯力。但是因专利权人的恶意给他人造成的损失，应当给予赔偿。

依照前款规定不返还专利侵权赔偿金、专利使用费、专利权转让费，明显违反公平原则的，应当全部或者部分返还。

第六章 专利实施的特别许可

第四十八条 国务院专利行政部门、地方人民政府管理专利工作的部门应当会同同级相关部门采取措施，加强专利公共服务，促进专利实施和运用。

第四十九条 国有企业事业单位的发明专利，对国家利益或者公共利益具有重大意义的，国务院有关主管部门和省、自治区、直辖市人民政府报经国务院批准，可以决定在批准的范围内推广应用，允许指定的单位实施，由实施单位按照国家规定向专利权人支付使用费。

第五十条 专利权人自愿以书面方式向国务院专利行政部门声明愿意许可任何单位或者个人实施其专利，并明确许可使用费支付方式、标准的，由国务院专利行政部门予以公告，实行开放许可。就实用新型、外观设计专利提出开放许可声明的，应当提供专利权评价报告。

专利权人撤回开放许可声明的，应当以书面方式提出，并由国务院专利行政部门予以公告。开放许可声明被公告撤回的，不影响在先给予的开放许可的效力。

第五十一条 任何单位或者个人有意愿实施开放许可的专利的，以书面方式通知专利权人，并依照公告的许可使用费支付方式、标准支付许可使用费后，即获得专利实施许可。

开放许可实施期间，对专利权人缴纳专利年费相应给予减免。

实行开放许可的专利权人可以与被许可人就许可使用费进行协商后给予普通许可，但不得就该专利给予独占或者排他许可。

第五十二条 当事人就实施开放许可发生纠纷的，由当事人协商解决；不愿协商或者协商不成的，可以请求国务院专利行政部门进行调解，也可以向人民法院起诉。

第五十三条 有下列情形之一的，国务院专利行政部门根据具备实施条件的单位或者个人的申请，可以给予实施发明专利或者实用新型专利的强制许可：

（一）专利权人自专利权被授予之日起满三年，且自提出专利申请之日起满四年，无正当理由未实施或者未充分实施其专利的；

（二）专利权人行使专利权的行为被依法认定为垄断行为，为消除或者减少该行为对竞争产生的不利影响的。

第五十四条 在国家出现紧急状态或者非常情况时，或者为了公共利益的目的，国务院专利行政部门可以给予实施发明专利或者实用新型专利的强制许可。

第五十五条 为了公共健康目的，对取得专利权的药品，国务院专利行政部门可以给予制造并将其出口到符合中华人民共和国参加的有关国际条约规定的国家或者地区的强制许可。

第五十六条 一项取得专利权的发明或者实用新型比前已经取得专利权的发明或者实用新型具有显著经济意义的重大技术进步，其实施又有赖于前一发明或者实用新型的实施的，国务院专利行政部门根据后一专利权人的申请，可以给予实施前一发明或者实用新型的强制许可。

在依照前款规定给予实施强制许可的情形下，国务院专利行政部门根据前一专利权人的申请，也可以给予实施后一发明或者实用新型的强制许可。

第五十七条 强制许可涉及的发明创造为半导体技术的，其实施限于公共利益的目的和本法第五十三条第（二）项规定的情形。

第五十八条 除依照本法第五十三条第（二）项、第五十五条规定给予的强制许可外，强制许可的实施应当主要为了供应国内市场。

第五十九条 依照本法第五十三条第（一）项、第五十六条规定申请强制许可的单位或者个人应当提供证据，证明其以合理的条件请求专利权人许可其实施专利，但未能在合理的时间内获得许可。

第六十条 国务院专利行政部门作出的给予实施强制许可的决定，应当及时通知专利权人，并予以登记和公告。给予实施强制许可的决定，应当根据强制许可的理由规定实施的范围和时间。强制许可的理由消除并不再发生时，国务院专利行政部门应当根据专利权人的请求，经审查后作出终止实施强制许可的决定。

第六十一条 取得实施强制许可的单位或者个人不享有独占的实施权，并且无权允许他人实施。

第六十二条 取得实施强制许可的单位或者个人应当付给专利权人合理的使用费，或者依照中华人民共和国参加的有关国际条约的规定处理使用费问题。付给使用费的，其数额由双方协商；双方不能达成协议的，由国务院专利行政部门裁决。

第六十三条 专利权人对国务院专利行政部门关于实施强制许可的决定不服的，专利权人和取得实施强制许可的单位或者个人对国务院专利行政部门关于实施强制许可的使用费的裁决不服的，可以自收到通知之日起三个月内向人民法院起诉。

第七章 专利权的保护

第六十四条 发明或者实用新型专利权的保护范围以其权利要求的内容为准，说明书及附图可以用于解释权利要求的内容。外观设计专利权的保护范围以表示在图片或者照片中的该产品的外观设计为准，简要说明可以用于解释图片或者照片所表示的该产品的外观设计。

第六十五条 未经专利权人许可，实施其专利，即侵犯其专利权，引起纠纷的，由当事人协商解决；不愿协商或者协商不成的，专利权人或者利害关系人可以向人民法院起诉，也可以请求管理专利工作的部门处理。管理专利工作的部门处理时，认定侵权行为成立的，可以责令侵权人立即停止侵权行为，当事人不服的，可以自收到处理通知之日起十五日内依照《中华人民共和国行政诉讼法》向人民法院起诉；侵权人期满不起诉又不停止侵权行为的，管理专利工作的部门可以申请人民法院强制执行。进行处理的管理专利工作的部门应当事人的请求，可以就侵犯专利权的赔偿数额进行调解；调解不成的，当事人可以依照《中华人民共和国民事诉讼法》向人民法院起诉。

第六十六条 专利侵权纠纷涉及新产品制造方法的发明专利的，制造同样产品的单位或者个人应当提供其产品制造方法不同于专利方法的证明。

专利侵权纠纷涉及实用新型专利或者外观设计专利的，人民法院或者管理专利工作的部门可以要求专利权人或者利害关系人出具由国务院专利行政部门对相关实用新型或者外观设计进行检索、分析和评价后作出的专利权评价报告，作为审理、处理专利侵权纠纷的证据；专利权人、利害关系人或者被控侵权人也可以主动出具专利权评价报告。

第六十七条 在专利侵权纠纷中，被控侵权人有证据证明其实施的技术或者设计属于现有技术或现有设计的，不构成侵犯专利权。

第六十八条 假冒专利的，除依法承担民事责任外，由负责专利执法的部门责令改正并予公告，没收违法所得，可以处违法所得五倍以下的罚款；没有违法所得或者违法所得在五万元以下的，可以处二十五万元以下的罚款；构成犯罪的，依法追究刑事责任。

第六十九条 负责专利执法的部门根据已经取得的证据，对涉嫌假冒专利行为进行查处时，有权采取下列措施：

(一)询问有关当事人，调查与涉嫌违法行为有关的情况；

(二)对当事人涉嫌违法行为的场所实施现场检查；

(三)查阅、复制与涉嫌违法行为有关的合同、发票、账簿以及其他有关资料；

(四)检查与涉嫌违法行为有关的产品；

(五)对有证据证明是假冒专利的产品，可以查封或者扣押。

管理专利工作的部门应专利权人或者利害关系人的请求处理专利侵权纠纷时，可以采取前款第(一)项、第(二)项、第(四)项所列措施。

负责专利执法的部门、管理专利工作的部门依法行使前两款规定的职权时，当事人应当予以协助、配合，不得拒绝、阻挠。

第七十条 国务院专利行政部门可以应专利权人或者利害关系人的请求处理在全国有重大影响的专利侵权纠纷。

地方人民政府管理专利工作的部门应专利权人或者利害关系人请求处理专利侵权纠纷，对在本行政区域内侵犯其同一专利权的案件可以合并处理；对跨区域侵犯其同一专利权的案件可以请求上级地方人民政府管理专利工作的部门处理。

第七十一条 侵犯专利权的赔偿数额按照权利人因被侵权所受到的实际损失或者侵权人因侵权所获得的利益确定；权利人的损失或者侵权人获得的利益难以确定的，参照该专利许可使用费的倍数合理确定。对故意侵犯专利权，情节严重的，可以在按照上述方法确定数额的一倍以上五倍以下确定赔偿数额。

权利人的损失、侵权人获得的利益和专利许可使用费均难以确定的，人民法院可以根据专利权的类型、侵权行为的性质和情节等因素，确定给予三万元以上五百万元以下的赔偿。

赔偿数额还应当包括权利人为制止侵权行为所支付的合理开支。

人民法院为确定赔偿数额，在权利人已经尽力举证，而与侵权行为相关的账簿、资料主要由侵权人掌握的情况下，可以责令侵权人提供与侵权行为相关的账簿、资料；侵权人不提供或者提供虚假的账簿、资料的，人民法院可以参考权利人的主张和提供的证据判定赔偿数额。

第七十二条 专利权人或者利害关系人有证据证明他人正在实施或者即将实施侵犯专利权、妨碍其实现权利的行为，如不及时制止将会使其合法权益受到难以弥补的损害的，可以在起诉前依法向人民法院申请采取财产保全、责令作出一定行为或者禁止作出一定行为的措施。

第七十三条 为了制止专利侵权行为，在证据可能灭失或者以后难以取得的情况下，专利权人或者利害关系人可以在起诉前依法向人民法院申请保全证据。

第七十四条 侵犯专利权的诉讼时效为三年,自专利权人或者利害关系人知道或者应当知道侵权行为以及侵权人之日起计算。

发明专利申请公布后至专利权授予前使用该发明未支付适当使用费的,专利权人要求支付使用费的诉讼时效为三年,自专利权人知道或者应当知道他人使用其发明之日起计算,但是,专利权人于专利权授予之日前即已知道或者应当知道的,自专利权授予之日起计算。

第七十五条 有下列情形之一的,不视为侵犯专利权:

(一)专利产品或者依照专利方法直接获得的产品,由专利权人或者经其许可的单位、个人售出后,使用、许诺销售、销售、进口该产品的;

(二)在专利申请日前已经制造相同产品、使用相同方法或者已经作好制造、使用的必要准备,并且仅在原有范围内继续制造、使用的;

(三)临时通过中国领陆、领水、领空的外国运输工具,依照其所属国同中国签订的协议或者共同参加的国际条约,或者依照互惠原则,为运输工具自身需要而在其装置和设备中使用有关专利的;

(四)专为科学研究和实验而使用有关专利的;

(五)为提供行政审批所需要的信息,制造、使用、进口专利药品或者专利医疗器械的,以及专门为其制造、进口专利药品或者专利医疗器械的。

第七十六条 药品上市审评审批过程中,药品上市许可申请人与有关专利权人或者利害关系人,因申请注册的药品相关的专利权产生纠纷的,相关当事人可以向人民法院起诉,请求就申请注册的药品相关技术方案是否落入他人药品专利权保护范围作出判决。国务院药品监督管理部门在规定的期限内,可以根据人民法院生效裁判作出是否暂停批准相关药品上市的决定。

药品上市许可申请人与有关专利权人或者利害关系人也可以就申请注册的药品相关的专利权纠纷,向国务院专利行政部门请求行政裁决。

国务院药品监督管理部门会同国务院专利行政部门制定药品上市许可审批与药品上市许可申请阶段专利权纠纷解决的具体衔接办法,报国务院同意后实施。

第七十七条 为生产经营目的使用、许诺销售或者销售不知道是未经专利权人许可而制造并售出的专利侵权产品,能证明该产品合法来源的,不承担赔偿责任。

第七十八条 违反本法第二十条规定向外国申请专利,泄露国家秘密的,由所在单位或者上级主管机关给予行政处分;构成犯罪的,依法追究刑事责任。

第七十九条 管理专利工作的部门不得参与向社会推荐专利产品等经营活动。

管理专利工作的部门违反前款规定的,由其上级机关或者监察机关责令改正,消除影响,有违法收入的予以没收;情节严重的,对直接负责的主管人员和其他直接责任人员依法给予处分。

第八十条 从事专利管理工作的国家机关工作人员以及其他有关国家机关工作人员玩忽职守、滥用职权、徇私舞弊，构成犯罪的，依法追究刑事责任；尚不构成犯罪的，依法给予处分。

第八章 附则

第八十一条 向国务院专利行政部门申请专利和办理其他手续，应当按照规定缴纳费用。

第八十二条 本法自1985年4月1日起施行。

3. 国防专利条例（略）

4. 商标法（略）

5. 中华人民共和国商标法实施条例（略）

6. 著作权法（略）

7. 植物新品种保护条例（略）

8. 集成电路布图设计保护条例（略）

9. 计算机软件保护条例

计算机软件保护条例

2001年12月20日中华人民共和国国务院令第339号公布。

根据2011年1月8日《国务院关于废止和修改部分行政法规的决定》第1次修订；

根据2013年1月30日《国务院关于修改〈计算机软件保护条例〉的决定》第二次修订。

第一章 总则

第一条 为了保护计算机软件著作权人的权益，调整计算机软件在开发、传播和使用中发生的利益关系，鼓励计算机软件的开发与应用，促进软件产业和国民经济信息化的发展，根据《中华人民共和国著作权法》，制定本条例。

第二条 本条例所称计算机软件（以下简称软件），是指计算机程序及其有关文档。

第三条 本条例下列用语的含义：

（一）计算机程序，是指为了得到某种结果而可以由计算机等具有信息处理能力的装置执行的代码化指令序列，或者可以被自动转换成代码化指令序列的符号化指令序列或者符号化语句序列。同一计算机程序的源程序和目标程序为同一作品。

（二）文档，是指用来描述程序的内容、组成、设计、功能规格、开发情况、测试结果及使用方法的文字资料和图表等，如程序设计说明书、流程图、用户手册等。

（三）软件开发者，是指实际组织开发、直接进行开发，并对开发完成的软件承担责任的法人或者其他组织;或者依靠自己具有的条件独立完成软件开发,并对软件承担责任的自然人。

(四)软件著作权人,是指依照本条例的规定,对软件享有著作权的自然人、法人或者其他组织。

第四条 受本条例保护的软件必须由开发者独立开发,并已固定在某种有形物体上。

第五条 中国公民、法人或者其他组织对其所开发的软件,不论是否发表,依照本条例享有著作权。外国人、无国籍人的软件首先在中国境内发行的,依照本条例享有著作权。外国人、无国籍人的软件,依照其开发者所属国或者经常居住地国同中国签订的协议或者依照中国参加的国际条约享有的著作权,受本条例保护。

第六条 本条例对软件著作权的保护不延及开发软件所用的思想、处理过程、操作方法或者数学概念等。

第七条 软件著作权人可以向国务院著作权行政管理部门认定的软件登记机构办理登记。软件登记机构发放的登记证明文件是登记事项的初步证明。办理软件登记应当缴纳费用。软件登记的收费标准由国务院著作权行政管理部门会同国务院价格主管部门规定。

第二章 软件著作权

第八条 软件著作权人享有下列各项权利:

(一)发表权,即决定软件是否公之于众的权利;

(二)署名权,即表明开发者身份,在软件上署名的权利;

(三)修改权,即对软件进行增补、删节,或者改变指令、语句顺序的权利;

(四)复制权,即将软件制作一份或者多份的权利;

(五)发行权,即以出售或者赠与方式向公众提供软件的原件或者复制件的权利;

(六)出租权,即有偿许可他人临时使用软件的权利,但是软件不是出租的主要标的的除外;

(七)信息网络传播权,即以有线或者无线方式向公众提供软件,使公众可以在其个人选定的时间和地点获得软件的权利;

(八)翻译权,即将原软件从一种自然语言文字转换成另一种自然语言文字的权利;

(九)应当由软件著作权人享有的其他权利。

软件著作权人可以许可他人行使其软件著作权,并有权获得报酬。软件著作权人可以全部或者部分转让其软件著作权,并有权获得报酬。

第九条 软件著作权属于软件开发者,本条例另有规定的除外。如无相反证明,在软件上署名的自然人、法人或者其他组织为开发者。

第十条 由两个以上的自然人、法人或者其他组织合作开发的软件,其著作权的归属由合作开发者签订书面合同约定。无书面合同或者合同未作明确约定,合作开发的软件可以分割使用的,开发者对各自开发的部分可以单独享有著作权;但是,行使著作权时，不得扩展到合作开发的软件整体的著作权。合作开发的软件不能分割使用的，其著作权由各合作开发者共同享有，通过协商一致行使；不能协商一致，又无正当理由的，任何一方不得阻止他方行使除转让权以外的其他权利，但是所得收益应当合理分配给所有合作开发者。

第十一条 接受他人委托开发的软件，其著作权的归属由委托人与受托人签订书面合同约定；无书面合同或者合同未作明确约定的，其著作权由受托人享有。

第十二条 由国家机关下达任务开发的软件，著作权的归属与行使由项目任务书或者合同规定；项目任务书或者合同中未作明确规定的，软件著作权由接受任务的法人或者其他组织享有。

第十三条 自然人在法人或者其他组织中任职期间所开发的软件有下列情形之一的，该软件著作权由该法人或者其他组织享有，该法人或者其他组织可以对开发软件的自然人进行奖励：

（一）针对本职工作中明确指定的开发目标所开发的软件；

（二）开发的软件是从事本职工作活动所预见的结果或者自然的结果；

（三）主要使用了法人或者其他组织的资金、专用设备、未公开的专门信息等物质技术条件所开发并由法人或者其他组织承担责任的软件。

第十四条 软件著作权自软件开发完成之日起产生。自然人的软件著作权，保护期为自然人终生及其死亡后50年，截止于自然人死亡后第50年的12月31日；软件是合作开发的，截止于最后死亡的自然人死亡后第50年的12月31日。法人或者其他组织的软件著作权，保护期为50年，截止于软件首次发表后第50年的12月31日，但软件自开发完成之日起50年内未发表的，本条例不再保护。

第十五条 软件著作权属于自然人的，该自然人死亡后，在软件著作权的保护期内，软件著作权的继承人可以依照《中华人民共和国继承法》的有关规定，继承本条例第八条规定的除署名权以外的其他权利。软件著作权属于法人或者其他组织的，法人或者其他组织变更、终止后，其著作权在本条例规定的保护期内由承受其权利义务的法人或者其他组织享有；没有承受其权利义务的法人或者其他组织的，由国家享有。

第十六条 软件的合法复制品所有人享有下列权利：

（一）根据使用的需要把该软件装入计算机等具有信息处理能力的装置内；

（二）为了防止复制品损坏而制作备份复制品。这些备份复制品不得通过任何方式提供给他人使用，并在所有人丧失该合法复制品的所有权时，负责将备份复制品销毁；

（三）为了把该软件用于实际的计算机应用环境或者改进其功能、性能而进行必要的修改；但是，除合同另有约定外，未经该软件著作权人许可，不得向任何第三方提供修改后的软件。

第十七条 为了学习和研究软件内含的设计思想和原理，通过安装、显示、传输或者存储软件等方式使用软件的，可以不经软件著作权人许可，不向其支付报酬。

第三章 软件著作权的许可使用和转让

第十八条 许可他人行使软件著作权的,应当订立许可使用合同。

许可使用合同中软件著作权人未明确许可的权利,被许可人不得行使。

第十九条 许可他人专有行使软件著作权的,当事人应当订立书面合同。

没有订立书面合同或者合同中未明确约定为专有许可的,被许可行使的权利应当视为非专有权利。

第二十条 转让软件著作权的,当事人应当订立书面合同。

第二十一条 订立许可他人专有行使软件著作权的许可合同,或者订立转让软件著作权合同,可以向国务院著作权行政管理部门认定的软件登记机构登记。

第二十二条 中国公民、法人或者其他组织向外国人许可或者转让软件著作权的,应当遵守《中华人民共和国技术进出口管理条例》的有关规定。

第四章 法律责任

第二十三条 除《中华人民共和国著作权法》或者本条例另有规定外,有下列侵权行为的,应当根据情况,承担停止侵害、消除影响、赔礼道歉、赔偿损失等民事责任:

(一)未经软件著作权人许可,发表或者登记其软件的;

(二)将他人软件作为自己的软件发表或者登记的;

(三)未经合作者许可,将与他人合作开发的软件作为自己单独完成的软件发表或者登记的;

(四)在他人软件上署名或者更改他人软件上的署名的;

(五)未经软件著作权人许可,修改、翻译其软件的;

(六)其他侵犯软件著作权的行为。

第二十四条 除《中华人民共和国著作权法》、本条例或者其他法律、行政法规另有规定外,未经软件著作权人许可,有下列侵权行为的,应当根据情况,承担停止侵害、消除影响、赔礼道歉、赔偿损失等民事责任;同时损害社会公共利益的,由著作权行政管理部门责令停止侵权行为,没收违法所得,没收、销毁侵权复制品,可以并处罚款;情节严重的,著作权行政管理部门并可以没收主要用于制作侵权复制品的材料、工具、设备等;触犯刑律的,依照刑法关于侵犯著作权罪、销售侵权复制品罪的规定,依法追究刑事责任:

(一)复制或者部分复制著作权人的软件的;

(二)向公众发行、出租、通过信息网络传播著作权人的软件的;

(三)故意避开或者破坏著作权人为保护其软件著作权而采取的技术措施的;

(四)故意删除或者改变软件权利管理电子信息的;

(五)转让或者许可他人行使著作权人的软件著作权的。

有前款第一项或者第二项行为的,可以并处每件 100 元或者货值金额 1 倍以上 5 倍以下的罚款;有前款第三项、第四项或者第五项行为的,可以并处 20 万元以下的罚款。

第二十五条 侵犯软件著作权的赔偿数额,依照《中华人民共和国著作权法》第四十九条的规定确定。

第二十六条 软件著作权人有证据证明他人正在实施或者即将实施侵犯其权利的行为，如不及时制止，将会使其合法权益受到难以弥补的损害的，可以依照《中华人民共和国著作权法》第五十条的规定，在提起诉讼前向人民法院申请采取责令停止有关行为和财产保全的措施。

第二十七条 为了制止侵权行为，在证据可能灭失或者以后难以取得的情况下，软件著作权人可以依照《中华人民共和国著作权法》第五十一条的规定，在提起诉讼前向人民法院申请保全证据。

第二十八条 软件复制品的出版者、制作者不能证明其出版、制作有合法授权的，或者软件复制品的发行者、出租者不能证明其发行、出租的复制品有合法来源的，应当承担法律责任。

第二十九条 软件开发者开发的软件，由于可供选用的表达方式有限而与已经存在的软件相似的，不构成对已经存在的软件的著作权的侵犯。

第三十条 软件的复制品持有人不知道也没有合理理由应当知道该软件是侵权复制品的，不承担赔偿责任；但是，应当停止使用、销毁该侵权复制品。如果停止使用并销毁该侵权复制品将给复制品使用人造成重大损失的，复制品使用人可以在向软件著作权人支付合理费用后继续使用。

第三十一条 软件著作权侵权纠纷可以调解。软件著作权合同纠纷可以依据合同中的仲裁条款或者事后达成的书面仲裁协议，向仲裁机构申请仲裁。当事人没有在合同中订立仲裁条款，事后又没有书面仲裁协议的，可以直接向人民法院提起诉讼。

第五章 附则

第三十二条 本条例施行前发生的侵权行为，依照侵权行为发生时的国家有关规定处理。

第三十三条 本条例自 2002 年 1 月 1 日起施行。1991 年 6 月 4 日国务院发布的《计算机软件保护条例》同时废止。

10. 计算机软件著作权登记办法（略）

11. 地理标志产品保护规定

地理标志产品保护规定

总章程

第一条 为了有效保护我国的地理标志产品，规范地理标志产品名称和专用标志的使用，保证地理标志产品的质量和特色，根据《中华人民共和国产品质量法》《中华人民共和国标准化法》《中华人民共和国进出口商品检验法》等有关规定，制定本规定。

第二条 本规定所称地理标志产品，是指产自特定地域，所具有的质量、声誉或其他特性本质上取决于该产地的自然因素和人文因素，经审核批准以地理名称进行命名的产品。地理标志产品包括：

（一）来自本地区的种植、养殖产品。

（二）原材料全部来自本地区或部分来自其他地区，并在本地区按照特定工艺生产和加工的产品。

第三条 本规定适用于对地理标志产品的申请受理、审核批准、地理标志专用标志注册登记和监督管理工作。

第四条 国家质量监督检验检疫总局（以下简称"国家质检总局"）统一管理全国的地理标志产品保护工作。各地出入境检验检疫局和质量技术监督局（以下简称各地质检机构）依照职能开展地理标志产品保护工作。

第五条 申请地理标志产品保护，应依照本规定经审核批准。使用地理标志产品专用标志，必须依照本规定经注册登记，并接受监督管理。

第六条 地理标志产品保护遵循申请自愿，受理及批准公开的原则。

第七条 申请地理标志保护的产品应当符合安全、卫生、环保的要求，对环境、生态、资源可能产生危害的产品，不予受理和保护。

第二章 申请及受理

第八条 地理标志产品保护申请，由当地县级以上人民政府指定的地理标志产品保护申请机构或人民政府认定的协会和企业（以下简称申请人）提出，并征求相关部门意见。

第九条 申请保护的产品在县域范围内的，由县级人民政府提出产地范围的建议；跨县域范围的，由地市级人民政府提出产地范围的建议；跨地市范围的，由省级人民政府提出产地范围的建议。

第十条 申请人应提交以下资料：

（一）有关地方政府关于划定地理标志产品产地范围的建议。

（二）有关地方政府成立申请机构或认定协会、企业作为申请人的文件。

（三）地理标志产品的证明材料，包括：

1. 地理标志产品保护申请书；

2. 产品名称、类别、产地范围及地理特征的说明；

3. 产品的理化、感官等质量特色及其与产地的自然因素和人文因素之间关系的说明；

4. 产品生产技术规范（包括产品加工工艺、安全卫生要求、加工设备的技术要求等）；

5. 产品的知名度，产品生产、销售情况及历史渊源的说明。

（四）拟申请的地理标志产品的技术标准。

第十一条 出口企业的地理标志产品的保护申请向本辖区内出入境检验检疫部门提出；

按地域提出的地理标志产品的保护申请和其他地理标志产品的保护申请向当地(县级或县级以上)质量技术监督部门提出。

第十二条 省级质量技术监督局和直属出入境检验检疫局，按照分工，分别负责对拟申报的地理标志产品的保护申请提出初审意见，并将相关文件、资料上报国家质检总局。

第三章 审核及批准

第十三条 国家质检总局对收到的申请进行形式审查。审查合格的，由国家质检总局在国家质检总局公报、政府网站等媒体上向社会发布受理公告；审查不合格的，应书面告知申请人。

第十四条 有关单位和个人对申请有异议的，可在公告后的2个月内向国家质检总局提出。

第十五条 国家质检总局按照地理标志产品的特点设立相应的专家审查委员会，负责地理标志产品保护申请的技术审查工作。

第十六条 国家质检总局组织专家审查委员会对没有异议或者有异议但被驳回的申请进行技术审查，审查合格的，由国家质检总局发布批准该产品获得地理标志产品保护的公告。

第四章 标准制订及专用标志使用

第十七条 拟保护的地理标志产品，应根据产品的类别、范围、知名度、产品的生产销售等方面的因素，分别制订相应的国家标准、地方标准或管理规范。

第十八条 国家标准化行政主管部门组织草拟并发布地理标志保护产品的国家标准；省级地方人民政府标准化行政主管部门组织草拟并发布地理标志保护产品的地方标准。

第十九条 地理标志保护产品的质量检验由省级质量技术监督部门、直属出入境检验检疫部门指定的检验机构承担。必要时，国家质检总局将组织予以复检。

第二十条 地理标志产品产地范围内的生产者使用地理标志产品专用标志，应向当地质量技术监督局或出入境检验检疫局提出申请，并提交以下资料：

(一)地理标志产品专用标志使用申请书。

(二)由当地政府主管部门出具的产品产自特定地域的证明。

(三)有关产品质量检验机构出具的检验报告。

上述申请经省级质量技术监督局或直属出入境检验检疫局审核，并经国家质检总局审查合格注册登记后，发布公告，生产者即可在其产品上使用地理标志产品专用标志，获得地理标志产品保护。

第五章 保护和监督

第二十一条 各地质检机构依法对地理标志保护产品实施保护。对于擅自使用或伪造地理标志名称及专用标志的；不符合地理标志产品标准和管理规范要求而使用该地理标志产品的名称的；或者使用与专用标志相近、易产生误解的名称或标识及可能误导消费者的文字或图案标志，使消费者将该产品误认为地理标志保护产品的行为，质量技术监督部门和出入境检验检疫部门将依法进行查处。社会团体、企业和个人可监督、举报。

第二十二条　各地质检机构对地理标志产品的产地范围，产品名称，原材料，生产技术工艺，质量特色，质量等级、数量、包装、标识，产品专用标志的印刷、发放、数量、使用情况，产品生产环境、生产设备，产品的标准符合性等方面进行日常监督管理。

第二十三条　获准使用地理标志产品专用标志资格的生产者，未按相应标准和管理规范组织生产的，或者在2年内未在受保护的地理标志产品上使用专用标志的，国家质检总局将注销其地理标志产品专用标志使用注册登记，停止其使用地理标志产品专用标志并对外公告。

第二十四条　违反本规定的，由质量技术监督行政部门和出入境检验检疫部门依据《中华人民共和国产品质量法》《中华人民共和国标准化法》《中华人民共和国进出口商品检验法》等有关法律予以行政处罚。

第二十五条　从事地理标志产品保护工作的人员应忠于职守，秉公办事，不得滥用职权、以权谋私，不得泄露技术秘密。违反以上规定的，予以行政纪律处分；构成犯罪的依法追究刑事责任。

第六章　附则

第二十六条　国家质检总局接受国外地理标志产品在中华人民共和国的注册并实施保护。具体办法另外规定。

第二十七条　本规定由国家质检总局负责解释。

第二十八条　本规定自2005年7月15日起施行。原国家质量技术监督局公布的《原产地域产品保护规定》同时废止。原国家出入境检验检疫局公布的《原产地标记管理规定》、《原产地标记管理规定实施办法》中关于地理标志的内容与本规定不一致的，以本规定为准。

12. 企业知识产权管理规范企业知识产权管理规范

1. 范围

本标准规定了企业策划、实施、检查、改进知识产权管理体系的要求。

本标准适用于有下列愿望的企业：

a)建立知识产权管理体系；

b)运行并持续改进知识产权管理体系；

c)寻求外部组织对其知识产权管理体系的评价。

事业单位、社会团体等其他组织，可参照本标准相关要求执行。

2. 规范性引用文件

下列文件对于本文件的应用是必不可少的。凡是注日期的引用文件，仅注日期的版本适用于本文件。凡是不注日期的引用文件，其最新版本（包括所有的修改单）适用于本文件。

GB/T 19000—2008 质量管理体系基础和术语

GB/T 21374—2008 知识产权文献与信息基本词汇

3. 术语和定义

GB/T 19000—2008 和 GB/T 21374—2008 界定的以及下列术语和定义适用于本文件。

3.1 知识产权

在科学技术、文学艺术等领域中，发明者、创造者等对自己的创造性劳动成果依法享有的专有权，其范围包括专利、商标、著作权及相关权、集成电路布图设计、地理标志、植物新品种、商业秘密、传统知识、遗传资源以及民间文艺等。

[GB/T 19000—2008，属于和定义 3.1.1]

3.2 过程

将输入转化为输出的相互关联或相互作用的一组活动。

[GB/T 19000—2008，定义 3.4.1]

3.3 产品过程的结果。

注1：有下列四种通用的产品类别：

——服务（如运输）；

——软件（如计算机程序、字典）；

——硬件（如发动机机械零件）；

——流程性材料（如润滑油）。

许多产品由分属于不同产品类别的成分构成，其属性是服务、软件、硬件或流程性材料取决于产品的主导成分。例如：产品"汽车"是由硬件（如轮胎）、流程性材料（如：燃料、冷却液）、软件（如：发动机控制软件、驾驶员手册）和服务（如销售人员所做的操作说明）所组成。

注2：服务通常是无形的，并且是在供方和顾客接触面上需要完成至少一项活动的结果。服务的提供可涉及，例如：

——在顾客提供的有形产品（如需要维修的汽车）上所完成的活动；

——在顾客提供的无形产品（如为准备纳税申报单所需的损益表）上所完成的活动；

——无形产品的交付（如知识传授方面的信息提供）；

——为顾客创造氛围（如在宾馆和饭店）。

软件由信息组成，通常是无形产品，并可以方法、报告或程序的形式存在。

硬件通常是有形产品，其量具有计数的特性。流程性材料通常是有形产品，其量具有连续的特性。硬件和流程性材料经常被称为货物。

[GB/T 19000—2008，定义 3.4.2]

3.4 体系（系统）

相互关联或相互作用的一组要素。

[GB/T 19000—2008，定义 3.2.1]

3.5　管理体系

建立方针和目标并实现这些目标的体系。

注：一个组织的管理体系可包括若干个不同的管理体系，如质量管理体系、财务管理体系或环境管理体系。

[GB/T 19000—2008，定义 3.2.2]

3.6　知识产权方针

知识产权工作的宗旨和方向。

3.7　知识产权手册

规定知识产权管理体系的文件。

4. 知识产权管理体系

4.1　总体要求

企业应按本标准的要求建立知识产权管理体系，实施、运行并持续改进，保持其有效性，并形成文件。

4.2　文件要求

4.2.1　总则

知识产权管理体系文件应包括：

a) 知识产权方针和目标；

b) 知识产权手册；

c) 本标准要求形成文件的程序和记录。

注：本标准出现的"形成文件的程序"，是指建立该程序，形成文件，并实施和保持。一个文件可以包括一个或多个程序的要求；一个形成文件的程序要求可以被包含在多个文件中。

4.2.2　文件控制

知识产权管理体系文件是企业实施知识产权管理的依据，应确保：

a) 发布前经过审核和批准，修订后再发布前重新审核和批准；

b) 文件中的相关要求明确；

c) 按文件类别、秘密级别进行管理；

d) 易于识别、取用和阅读；

e) 对因特定目的需要保留的失效文件予以标记。

4.2.3　知识产权手册

编制知识产权手册并保持其有效性，具体内容包括：

a) 知识产权机构设置、职责和权限的相关文件；

b) 知识产权管理体系的程序文件或对程序文件的引用；

c) 知识产权管理体系过程之间相互关系的表述。

4.2.4 外来文件与记录文件

编制形成文件的程序，规定记录的标识、贮存、保护、检索、保存和处置所需的控制。对外来文件和知识产权管理体系记录文件应予以控制并确保：

a) 对行政决定、司法判决、律师函件等外来文件进行有效管理，确保其来源与取得时间可识别；

b) 建立、保持和维护记录文件，以证实知识产权管理体系符合本标准要求，并有效运行；

c) 外来文件与记录文件的完整性，明确保管方式和保管期限。

5. 管理职责

5.1 管理承诺

最高管理者是企业知识产权管理的第一责任人，应通过以下活动实现知识产权管理体系的有效性：

a) 制定知识产权方针；

b) 制定知识产权目标；

c) 明确知识产权管理职责和权限、权限有效沟通；

d) 确保资源的配备；

e) 组织管理评审。

5.2 知识产权方针

最高管理者应批准、发布企业知识产权方针，并确保方针：

a) 符合相关法律法规和政策的要求；

b) 与企业的经营发展情况相适应；

c) 在企业内部得到有效运行；

d) 在持续适宜性方面得到评审；

e) 形成文件，付诸实施，并予以保持；

f) 得到全体员工的理解。

5.3 策划

5.3.1 知识产权管理体系策划

最高管理者应确保：

a) 理解相关方的要求，对知识产权管理体系进行策划，满足知识产权方针的要求；

b) 知识产权获取、维护、运用和保护活动得到有效运行和控制；

c) 知识产权管理体系得到持续改进。

5.3.2 知识产权目标

最高管理者应针对企业内部有关职能和层次，建立并保持知识产权目标，并确保：

a) 形成文件并且可考核；

b) 与知识产权方针保持一致，内容包括对持续改进的承诺。

5.3.3 法律和其他要求

最高管理者应批准建立、实施并保持形成文件的程序，以便：

a) 识别和获取适用的法律和其他要求，并建立获取渠道；

b) 及时更新有关法律和其他要求的信息，并传达给员工。

5.4 职责、权限和沟通

5.4.1 管理者代表

最高管理者应在企业最高管理层中指定专人作为管理者代表，授权其承担以下职责：

a) 确保知识产权管理体系的建立、实施和保持；

b) 向最高管理者报告知识产权管理绩效和改进需求；

c) 确保全体员工对知识产权方针和目标的理解；

d) 落实知识产权管理体系运行和改进需要的各项资源；

e) 确保知识产权外部沟通的有效性。

5.4.2 机构

建立知识产权管理机构并配备专业的专职或兼职工作人员，或委托专业的服务机构代为管理，承担以下职责：

a) 制定企业知识产权发展规划；

b) 建立知识产权管理绩效评价体系；

c) 参与监督和考核其他相关管理机构；

d) 负责企业知识产权的日常管理工作。

其他管理机构负责落实与本机构相关的知识产权工作。

5.4.3 内部沟通

建立沟通渠道，确保知识产权管理体系有效运行。

5.5 管理评审

最高管理者应定期评审知识产权管理体系的适宜性和有效性。

5.5.1 评审输入

评审输入应包括：

a) 知识产权方针、目标；

b) 企业经营目标、策略及新产品、新业务规划；

c) 企业知识产权基本情况及风险评估信息；

d) 技术、标准发展趋势；

e) 前期审核结果。

5.5.2 评审输出

评审输出应包括：

a) 知识产权方针、目标改进建议；

b) 知识产权管理程序改进建议；

c)资源需求。
6. 资源管理
6.1 人力资源
6.1.1 知识产权工作人员
明确知识产权工作人员的任职条件，并采取适当措施，确保从事知识产权工作的人员满足相应的条件。
6.1.2 教育与培训
组织开展知识产权教育培训，包括以下内容：
a)规定知识产权工作人员的教育培训要求，制定计划并执行；
b)组织对全体员工按业务领域和岗位要求进行知识产权培训，并形成记录；
c)组织对中、高层管理人员进行知识产权培训，并形成记录。
d)组织对研究开发等与知识产权关系密切的岗位人员进行知识产权培训，并形成记录。
6.1.3 人事合同
通过劳动合同、劳务合同等方式对员工进行管理，约定知识产权权属、保密条款；明确发明创造人员享有的权利和负有的义务；必要时应约定竞业限制和补偿条款。
6.1.4 入职
对新入职员工进行适当的知识产权背景调查，以避免侵犯他人知识产权；对于研究开发等与知识产权关系密切的岗位，应要求新入职员工签署知识产权声明文件。
6.1.5 离职
对离职的员工进行相应的知识产权事项提醒；涉及核心知识产权的员工离职时，应签署离职知识产权协议或执行竞业限制协议。
6.1.6 激励
明确员工知识产权创造、保护和运用的奖励和报酬；明确员工造成知识产权损失的责任。
6.2 基础设施
根据需要配套相关资源，以确保知识产权管理体系的运行：
a)软硬件设备，如知识产权管理软件、数据库、计算机和网络设施等；
b)办公场所。
6.3 财务资源
应设立知识产权经常性预算费用，以确保知识产权管理体系的运行：
a)用于知识产权申请、注册、登记、维持、检索、分析、评估、诉讼和培训等事项；
b)用于知识产权管理机构运行；
c)用于知识产权激励；
d)有条件的企业可设立知识产权风险准备金。
6.4 信息资源
应编制形成文件的程序，以规定以下方面所需的控制：

a) 建立信息收集渠道，及时获取所属领域、竞争对手的知识产权信息；
b) 对信息进行分类筛选和分析加工，并加以有效利用；
c) 在对外信息发布之前进行相应审批；
d) 有条件的企业可建立知识产权信息数据库，并有效维护和及时更新。

7. 基础管理

7.1 获取

应编制形成文件的程序，以规定以下方面所需的控制：
a) 根据知识产权目标，制定知识产权获取的工作计划，明确获取的方式和途径；
b) 在获取知识产权前进行必要的检索和分析；
c) 保持知识产权获取记录；
d) 保障职务发明人员的署名权。

7.2 维护

应编制形成文件的程序，以规定以下方面所需的控制：
a) 建立知识产权分类管理档案，进行日常维护；
b) 知识产权评估；
c) 知识产权权属变更；
d) 知识产权权属放弃；
e) 有条件的企业可对知识产权进行分级管理。

7.3 运用

7.3.1 实施、许可和转让

应编制形成文件的程序，以规定以下方面所需的控制：
a) 促进和监控知识产权的实施，有条件的企业可评估知识产权对产品销售的贡献；
b) 知识产权许可和转让前，应分别制定调查方案，并进行评估。

7.3.2 投融资

投融资活动前，应对相关知识产权开展尽职调查进行风险和价值评估。在境外投资前，应针对目的地的知识产权法律、政策及其执行情况，进行风险分析。

7.3.3 企业重组

企业重组工作应满足以下要求：
a) 企业合并或并购前，应开展知识产权尽职调查，根据合并与并购的目的设定对目标企业知识产权状况的调查内容；有条件的企业可进行知识产权评估。
b) 企业出售或剥离资产前，应对相关知识产权开展调查和评估，分析出售或剥离的知识产权对本企业未来竞争力的影响。

7.3.4 标准化

参与标准化工作应满足下述要求：
a) 参与标准化组织前，了解标准化组织的知识产权政策，在将包含专利和专利申请的

技术方案向标准化组织提案时,应按照知识产权政策要求披露并做出许可承诺;

b) 牵头制定标准时,应组织制定标准工作组的知识产权政策和工作程序。

7.3.5 联盟及相关组织

参与或组建知识产权联盟及相关组织应满足下述要求:

a) 参与知识产权联盟或其他组织前,应了解其知识产权政策,并进行评估;

b) 组建知识产权联盟时,应遵守公平、合理且无歧视的原则,制定联盟知识产权政策;主要涉及专利合作的联盟可围绕核心技术建立专利池。

7.4 保护

7.4.1 风险管理

应编制形成文件的程序,以规定以下方面所需的控制:

a) 采取措施,避免或降低生产、办公设备及软件侵犯他人知识产权的风险;

b) 定期监控产品可能涉及他人知识产权的状况,分析可能发生的纠纷及其对企业的损害程度,提出防范预案;

c) 有条件的企业可将知识产权纳入企业风险管理体系,对知识产权风险进行识别和评测,并采取相应风险控制措施。

7.4.2 争议处理

应编制形成文件的程序,以规定以下方面所需的控制:

a) 及时发现和监控知识产权被侵犯的情况,适时运用行政和司法途径保护知识产权;

b) 在处理知识产权纠纷时,评估通过诉讼、仲裁、和解等不同处理方式对企业的影响,选取适宜的争议解决方式。

7.4.3 涉外贸易

涉外贸易过程中的知识产权工作包括:

a) 向境外销售产品前,应调查目的地的知识产权法律、政策及其执行情况,了解行业相关诉讼,分析可能涉及知识产权风险;

b) 向境外销售产品前,应适时在目的地进行知识产权申请、注册和登记;

c) 向境外销售的涉及知识产权的产品可采取相应的边境保护措施。

7.5 合同管理

加强合同中知识产权管理:

a) 应对合同中有关知识产权条款进行审查,并形成记录;

b) 对检索与分析、预警、申请、诉讼、侵权调查与鉴定、管理咨询等知识产权对外委外业务应签订书面合同,并约定知识产权权属、保密等内容;

c) 在进行委托开发或合作开发时,应签订书面合同,约定知识产权权属、许可及利益分配、后续改进的权属和使用等;

d) 承担涉及国家重大专项等政府支持项目时,应了解项目相关的知识产权管理规定,并按照要求进行管理。

7.6 保密

应编制形成文件的程序，以规定以下方面所需的控制：

a) 明确涉密人员，设定保密等级和接触权限；

b) 明确可能造成知识产权流失的设备，规定使用目的、人员和方式；

c) 明确涉密信息，规定保密等级、期限和传递、保存及销毁的要求；

d) 明确涉密区域，规定客户及参访人员活动范围等。

8. 实施和运行

8.1 立项

立项阶段的知识产权管理包括：

a) 分析该项目所涉及的知识产权信息，包括各关键技术的专利数量、地域分布和专利权人信息等；

b) 通过知识产权分析及市场调研相结合，明确该产品潜在的合作伙伴和竞争对手；

c) 进行知识产权风险评估，并将评估结果、防范预案作为项目立项与整体预算的依据。

8.2 研究开发

研究开发阶段的知识产权管理包括：

a) 对该领域的知识产权信息、相关文献及其他公开信息进行检索，对项目的技术发展状况、知识产权状况和竞争对手状况等进行分析；

b) 在检索分析的基础上，制定知识产权规划；

c) 跟踪与监控研究开发活动中的知识产权，适时调整研究开发策略和内容，避免或降低知识产权侵权风险；

d) 督促研究人员及时报告研究开发成果；

e) 及时对研究开发成果进行评估和确认，明确保护方式和权益归属，适时形成知识产权；

f) 保留研究开发活动中形成的记录，并实施有效的管理。

8.3 采购

采购阶段的知识产权管理包括：

a) 在采购涉及知识产权的产品过程中，收集相关知识产权信息，以避免采购知识产权侵权产品，必要时应要求供方提供知识产权权属证明；

b) 做好供方信息、进货渠道、进价策略等信息资料的管理和保密工作；

c) 在采购合同中应明确知识产权权属、许可使用范围、侵权责任承担等。

8.4 生产

生产阶段的知识产权管理包括：

a) 及时评估、确认生产过程中涉及产品与工艺方法的技术改进与创新，明确保护方式，适时形成知识产权；

b) 在委托加工、来料加工、贴牌生产等对外协作的过程中，应在生产合同中明确知识产权权属、许可使用范围、侵权责任承担等，必要时，应要求供方提供知识产权许可证明；

c)保留生产活动中形成的记录，并实施有效的管理。

8.5 销售和售后

销售和售后阶段的知识产权管理包括：

a)产品销售前，对产品所涉及的知识产权状况进行全面审查和分析，制定知识产权保护和风险规避方案；

b)在产品宣传、销售、会展等商业活动前制定知识产权保护或风险规避方案；

c)建立产品销售市场监控程序，采取保护措施，及时跟踪和调查相关知识产权被侵权情况，建立和保持相关记录；

d)产品升级或市场环境发生变化时，及时进行跟踪调查，调整知识产权保护和风险规避方案，适时形成新的知识产权。

9. 审核和改进

9.1 总则

策划并实施下列方面所需的监控、审查和改进过程：

a)确保产品、软硬件设施设备符合知识产权有关要求；

b)确保知识产权管理体系的适宜性；

c)持续改进知识产权管理体系，确保其有效性。

9.2 内部审核

应编制形成文件的程序，确保定期对知识产权管理体系进行内部审核，满足本标准的要求。

9.3 分析与改进

根据知识产权方针、目标以及检查、分析的结果，制定和落实对存在问题的改进措施。

13. 高校知识产权管理规范

《高等学校知识产权管理规范》

(GB/T 33251—2016)

引言

高等学校是科技创新的重要主体，知识产权管理是高等学校创新管理的基础性工作，也是高等学校科技成果转化的关键环节。制定并实施高等学校知识产权管理规范，对于激发高等学校创新活力、增强创新能力具有重要意义。

本标准指导高等学校依据法律法规，基于自身状况和发展战略，将知识产权有效地融合到高等学校的科学研究、社会服务、人才培养、文化传承创新中，制定并实施知识产权战略。高等学校根据自身发展需求、创新方向及特点等，在实施过程中可对本标准的内容进行适应性调整，建立符合实际的知识产权管理体系。通过实施本标准，实现全过程知识产权管理，提高科技创新能力，促进科技创新成果的价值实现。

1 范围

本标准规定了高等学校知识产权的文件管理、组织管理、资源管理、获取、运用、保护、检查和改进等要求。

本标准适用于我国各类高等学校的知识产权管理，其他教育组织可参照执行。

2 规范性引用文件

下列文件对于本文件的应用是必不可少的。凡是注日期的引用文件，仅注日期的版本适用于本文件。凡是不注日期的引用文件，其最新版本（包括所有的修改单）适用于本文件。

GB/T 19000 质量管理体系 基础和术语

3 术语和定义

GB/T 19000 界定的以及下列术语和定义适用于本文件。

3.1 知识产权

自然人或法人对其智力活动创造的成果依法享有的权利，主要包括专利权、商标权、著作权、集成电路布图设计权、地理标志权、植物新品种权、未披露的信息专有权等。

3.2 教职员工

高等学校任职的教师、职员、临时聘用人员、实习人员，以高等学校名义从事科研活动的博士后、访问学者和进修人员等。

3.3 学生

被学校依法录取、具有学籍的受教育者。

3.4 科研项目

由高等学校或其直属机构承担，在一定时间周期内进行科学技术研究活动所实施的项目。

3.5 项目组

完成科研项目的组织形式，是隶属于高等学校的、相对独立地开展研究开发活动的科研单元。

3.6 知识产权专员

具有一定知识产权专业能力，在科研项目中承担知识产权工作的人员。

3.7 专利导航

在科技研发、产业规划和专利运营等活动中，通过利用专利信息等数据资源，分析产业发展格局和技术创新方向，明晰产业发展和技术研发路径，提高决策科学性的一种模式。

4 文件管理

4.1 文件类型

知识产权文件包括：

a)知识产权组织管理相关文件；

b)人力资源、财务资源、基础设施、信息资源管理过程中的知识产权文件；

c)知识产权获取、运用、保护等文件；

d)知识产权相关的记录文件、外来文件。

注1：上述各类文件可以是纸质文档，也可以是电子文档或音像资料。

注2：外来文件包括法律法规、行政决定、司法判决、律师函件等。

4.2 文件控制

知识产权文件是高等学校实施知识产权管理的依据，应确保：

a)发布前经过审核和批准；

b)文件内容表述明确、完整；

c)保管方式和保管期限明确；

d)按文件类别、秘密级别进行管理，易于识别、取用和阅读；

e)对因特定目的需要保留的失效文件予以标记。

5 组织管理

5.1 校长

校长(或院长)是高等学校知识产权工作的第一责任人，承担以下职责：

a)批准和发布高等学校知识产权目标；

b)批准和发布知识产权政策、规划；

c)审核或在其职责范围内决定知识产权重大事务；

d)明确知识产权管理职责和权限，确保有效沟通；

e)确保知识产权管理的保障条件和资源配备。

5.2 管理委员会

成立有最高管理层参与的知识产权管理委员会，全面负责知识产权管理事务，承担以下职责：

a)拟定与高等学校科学研究、社会服务、人才培养、文化传承创新相适应的知识产权长期、中期和短期目标；

b)审核知识产权政策、规划，并监督执行情况；

c)建立知识产权绩效评价体系，将知识产权作为高等学校绩效考评的评价指标之一；

d)提出知识产权重大事务决策议案；

e)审核知识产权重大资产处置方案；

f)统筹协调知识产权管理事务。

5.3 管理机构

建立知识产权管理机构，配备专职工作人员，并承担以下职责：

a)拟定知识产权工作规划并组织实施；

b)拟定知识产权政策文件并组织实施，包括知识产权质量控制，知识产权运用的策划与管理等；

　　c) 提出知识产权绩效评价体系的方案；

　　d) 建立专利导航工作机制，参与重大科研项目的知识产权布局；

　　e) 建立知识产权资产清单和知识产权资产评价及统计分析体系，提出知识产权重大资产处置方案；

　　f) 审查合同中的知识产权条款，防范知识产权风险；

　　g) 培养、指导和评价知识产权专员；

　　h) 负责知识产权日常管理，包括知识产权培训，知识产权信息备案，知识产权外部服务机构遴选、协调、评价工作等。

　　注：重大科研项目由高等学校自行确定。

5.4　服务支撑机构

建立知识产权服务支撑机构，可设在图书馆等高等学校负责信息服务的部门，或聘请外部服务机构，承担以下职责：

　　a) 受知识产权管理机构委托，提供知识产权管理工作的服务支撑；

　　b) 为知识产权重大事务、重大决策提供服务支撑；

　　c) 开展重大科研项目专利导航工作，依需为科研项目提供知识产权服务支持；

　　d) 受知识产权管理机构委托，建设、维护知识产权信息管理平台，承担知识产权信息利用培训和推广工作；

　　e) 承担知识产权信息及其他数据文献情报收集、整理、分析工作。

5.5　学院（系）

各校属学院（系）、直属机构应配备知识产权管理人员，协助院系、科研机构负责人承担本部门以下职责：

　　a) 知识产权计划拟订和组织实施；

　　b) 知识产权日常管理，包括统计知识产权信息并报送知识产权管理机构备案等。

　　注：科研机构包括重点实验室、工程中心、工程实验室以及校设研究中心等。

5.6　项目组

5.6.1　项目组长

项目组长负责所承担科研项目的知识产权管理，包括：

　　a) 根据科研项目要求，确定知识产权管理目标并组织实施；

　　b) 管理科研项目知识产权信息；

　　c) 定期报告科研项目的知识产权工作情况；

　　d) 组织项目组人员参加知识产权培训。

5.6.2　知识产权专员

重大科研项目应配备知识产权专员，负责：

　　a) 科研项目专利导航工作；

b)协助项目组长开展知识产权管理工作。

5.7 知识产权顾问

根据知识产权管理需要，可聘请有关专家为学校知识产权顾问，为知识产权重大事务提供决策咨询意见。

6 资源管理

6.1 人力资源

6.1.1 人事合同

人事合同中应明确知识产权内容，包括：

a)在劳动合同、聘用合同、劳务合同等各类合同中约定知识产权权属、奖励报酬、保密义务等；明确发明创造人员享有的权利和承担的义务，保障发明创造人员的署名权；明确教职员工造成知识产权损失的责任；

b)对新入职教职员工进行适当的知识产权背景调查，形成记录；对于与知识产权关系密切的岗位，应要求新入职教职员工签署知识产权声明文件；

c)对离职、退休的教职员工进行知识产权事项提醒，明确有关职务发明的权利和义务；涉及核心知识产权的教职员工离职、退休时，应签署知识产权协议，进一步明确约定知识产权归属和保密责任。

6.1.2 培训

组织开展知识产权培训，包括以下内容：

a)制定知识产权培训计划；

b)组织对知识产权管理人员、知识产权服务支撑机构人员、知识产权专员等进行培训；

c)对承担重大科研项目的科研人员进行知识产权培训；

d)组织对教职员工进行知识产权培训。

6.1.3 激励与评价

建立激励与评价机制，包括：

a)建立符合知识产权工作特点的职称评定、岗位管理、考核评价制度，将知识产权工作状况作为对相关院系、科研机构及教职员工进行评价、科研资金支持的重要内容和依据之一；

b)建立职务发明奖励报酬制度，依法对发明人给予奖励和报酬，对为知识产权运用做出重要贡献的人员给予奖励。

6.1.4 学生管理

加强学生的知识产权管理，包括：

a)组织对学生进行知识产权培训，提升知识产权意识；

b)学生进入项目组，应对其进行知识产权提醒；

c)学生因毕业等原因离开高等学校时，可签署知识产权协议或保密协议；

d)根据需要面向学生开设知识产权课程。

6.2 财务资源

设立经常性预算费用，可用于：

a) 知识产权申请、注册、登记、维持；

b) 知识产权检索、分析、评估、运营、诉讼；

c) 知识产权管理机构运行；

d) 知识产权管理信息化；

e) 知识产权信息资源；

f) 知识产权激励；

g) 知识产权培训；

h) 其他知识产权工作。

6.3 资源保障

加强知识产权管理的资源保障，包括：

a) 建立知识产权管理信息化系统；

b) 根据需要配备软硬件设备、教室、办公场所相关资源，保障知识产权工作的运行。

6.4 基础设施

加强基础设施的知识产权管理，包括：

a) 采购实验设备、软件、用品、耗材时明确知识产权条款，处理实验用过物品时进行相应的知识产权检查，避免侵犯知识产权；

b) 国家重大科研基础设施和大型科研仪器向社会开放时，应保护用户身份信息以及在使用过程中形成的知识产权和科学数据，要求用户在发表著作、论文等成果时标注利用科研设施仪器的情况；

c) 明确可能造成泄密的设备，规定使用目的、人员和方式；明确涉密区域，规定参访人员的活动范围等。

6.5 信息资源

加强信息资源的知识产权管理：

a) 建立信息收集渠道，及时获取知识产权信息；

b) 对知识产权信息进行分类筛选和分析加工，并加以有效利用；

c) 明确涉密信息，规定保密等级、期限和传递、保存、销毁的要求；

d) 建立信息披露的知识产权审查机制，避免出现侵犯知识产权情况或造成知识产权流失。

7 知识产权获取

7.1 自然科学类科研项目

7.1.1 选题

选题阶段的知识产权管理包括：

a) 建立信息收集渠道，获取拟研究选题的知识产权信息；

b) 对信息进行分类筛选和分析加工，把握技术发展趋势，确定研究方向和重点。

7.1.2 立项

立项阶段的知识产权管理包括：

a) 进行专利信息、文献情报分析，确定研究技术路线，提高科研项目立项起点；
b) 识别科研项目知识产权需求，进行知识产权风险评估，确定知识产权目标；
c) 在签订科研项目合同时，明确知识产权归属、使用、处置、收益分配等条款；
d) 对项目组人员进行培训，必要时可与项目组人员签订知识产权协议，明确保密条款；
e) 重大科研项目应明确专人负责专利信息、文献情报分析工作。

7.1.3 实施

实施阶段的知识产权管理包括：

a) 跟踪科研项目研究领域的专利信息、文献情报，适时调整研究方向和技术路线；
b) 及时建立、保持和维护科研过程中的知识产权记录文件；
c) 项目组成员在发布与本科研项目有关的信息之前，应经项目组负责人审查；
d) 使用其他单位管理的国家重大科研基础设施和大型科研仪器时，应约定保护身份信息以及在使用过程中形成的知识产权和科学数据等内容；
e) 及时评估研究成果，确定保护方式，适时形成知识产权；对于有重大市场前景的科研项目，应以运用为导向，做好专利布局、商业秘密保护等。

7.1.4 结题

结题阶段的知识产权管理包括：

a) 提交科研项目成果的知识产权清单，包括但不限于专利、文字作品、图形作品和模型作品、植物新品种、计算机软件、商业秘密、集成电路布图设计等；
b) 依据科研项目知识产权需求和目标，形成科研项目知识产权评价报告；
c) 提出知识产权运用建议。

7.2 人文社会科学类科研项目

加强人文社会科学类科研项目管理，特别是创作过程中产生的职务作品的著作权管理，包括：

a) 在签订科研项目合同时，应签订著作权归属协议或在合同中专设著作权部分，明确约定作品著作权的归属，署名，著作权的行使，对作品的使用与处置、收益分配，涉及著作权侵权时的诉讼、仲裁解决途径等；
b) 对项目组人员进行培训，并与项目组人员签订职务作品著作权协议，约定作品的权利归属；必要时应采取保密措施，避免擅自先期发表、许可、转让等；
c) 创作完成时提交科研项目成果，包括但不限于论文、著作、教材、课件、剧本、视听作品、计算机程序等。

注：自然科学一般包括理学、工学、农学和医学；人文社会科学一般包括哲学、经济学、法学、教育学、文学、历史学、军事学、管理学和艺术学。

7.3 其他

加强其他方面的知识产权管理，包括：

a) 规范校名、校标、校徽、域名及服务标记的使用，需要商标保护的应及时申请注册；

b) 建立非职务发明专利申请前登记工作机制；

c) 规范著作权的使用和管理，加强学位论文和毕业设计的查重检测工作，明确教职员工和学生在发表论文时标注主要参考文献、利用国家重大科研基础设施和大型科研仪器情况的要求。

8 知识产权运用

8.1 分级管理

加强知识产权分级管理，包括：

a) 基于知识产权价值分析，建立分级管理机制；

b) 结合项目组建议，从法律、技术、市场维度对知识产权进行价值分析，形成知识产权分级清单；

c) 根据分级清单，确定不同级别知识产权的处置方式与状态控制措施。

8.2 策划推广

加强知识产权策划推广，包括：

a) 基于分级清单，对于有转化前景的知识产权，评估其应用前景，包括潜在用户、市场价值、投资规模等；评估转化过程中的风险，包括权利稳定性、市场风险等；

b) 根据应用前景和风险的评估结果，综合考虑投资主体、权利人的利益，制定转化策略；

c) 通过展示、推介、谈判等建立与潜在用户的合作关系；

d) 结合市场需求，进行知识产权组合并推广；

e) 鼓励利用知识产权创业。

8.3 许可和转让

在知识产权许可或转让时，应遵循下列要求：

a) 许可或转让前确认知识产权的法律状态及权利归属，确保相关知识产权的有效性；

b) 调查被许可方或受让方的实施意愿，防止恶意申请许可与购买行为；

c) 许可或转让应签订书面合同，明确双方的权利和义务；

d) 监控许可或转让过程，包括合同的签署、备案、变更、执行、中止与终止，以及知识产权权属的变更等，预防与控制交易风险。

8.4 作价投资

在利用知识产权作价投资时，应遵循下列要求：

a) 调查合作方的经济实力、管理水平、生产能力、技术能力、营销能力等实施能力；

b) 对知识产权进行价值评估；

c) 明确受益方式和分配比例。

9 知识产权保护

9.1 合同管理

加强合同中的知识产权管理,包括:

a) 对合同中有关知识产权的条款进行审查;

b) 检索与分析、申请、诉讼、管理咨询等知识产权对外委托业务应签订书面合同,并约定知识产权权属、保密等内容;

c) 明确参与知识产权联盟、协同创新组织等情况下的知识产权归属、许可转让及利益分配、后续改进的权益归属等事项。

9.2 风险管理

规避知识产权风险,主动维护自身权益,包括:

a) 及时发现和监控知识产权风险,制定有效的风险规避方案,避免侵犯他人知识产权;

b) 及时跟踪和调查相关知识产权被侵权的情况,建立知识产权纠纷应对机制;

c) 在应对知识产权纠纷时,评估通过行政处理、司法诉讼、仲裁、调解等不同处理方式对高等学校产生的影响,选取适宜的争议解决方式,适时通过行政和司法途径主动维权;

d) 加强学术交流中的知识产权管理,避免知识产权流失。

10 检查和改进

10.1 检查监督

定期开展检查监督,确保知识产权管理活动的有效性。

10.2 绩效评价

根据高等学校的知识产权绩效评价体系要求,定期对校属部门、学院(系)、直属机构等进行绩效评价。

10.3 改进提高

根据检查、监督和绩效评价的结果,对照知识产权目标,制定和落实改进措施。

14. 科研组织知识产权管理规范

《科研组织知识产权管理规范》

(GB/T 33250—2016)

1 范 围

本标准规定了科研组织策划、实施和运用、检查、改进知识产权管理体系的要求。

本标准适用于中央或地方政府建立或出资设立的科研组织的知识产权管理。其他性质科研组织可参照执行。

2 规范性引用文件

下列文件对于本文件的应用是必不可少的。凡是注日期的引用文件,仅注日期的版本适用于本文件。凡是不注日期的引用文件,其最新版本(包括所有的修改单)适用于本文件。

GB/T 19000—2008 质量管理体系 基础和术语

GB/T 29490—2013 企业知识产权管理规范

3 术语和定义

GB/T 19000—2008、GB/T 29490—2013 界定的以及下列术语和定义适用于本文件。为了便于使用,以下重复列出了 GB/T 19000—2008、GB/T 29490—2013 中的某些术语和定义。

3.1 科研组织

有明确的任务和研究方向,有一定学术水平的业务骨干和一定数量的研究人员,具有开展研究、开发等学术工作的基本条件,主要进行科学研究与技术开发活动,并且在行政上有独立的组织形式,财务上独立核算盈亏,有权与其他单位签订合同,在银行有独立账户的单位。

3.2 知识产权

自然人或法人对其智力活动创造的成果依法享有的权利,主要包括专利权、商标权、著作权、集成电路布图设计权、地理标志权、植物新品种权、未披露的信息专有权等。

3.3 管理体系

建立方针和目标并实现这些目标的体系。

注:一个组织的管理体系可包括若干个不同的管理体系,如质量管理体系、财务管理体系或环境管理体系。

[GB/T 19000—2008,定义 3.2.2]

3.4 知识产权方针

知识产权工作的宗旨和方向。

[GB/T 29490—2013,定义 3.6]

3.5 知识产权手册

规定知识产权管理体系的文件。

[GB/T 29490—2013,定义 3.7]

3.6 员工

在科研组织任职的人员、临时聘用人员、实习人员,以科研组织名义从事科研活动的博士后、访问学者和进修人员等。

3.7 知识产权记录文件

记录组织知识产权管理活动、行为和工作等的文件,是知识产权管理情况的原始记录。

3.8 科研项目

由科研组织或其直属机构承担,在一定时间周期内进行科学技术研究活动所实施的项目。

3.9 项目组

完成科研项目的组织形式，是隶属于科研组织的、相对独立地开展研究开发活动的科研单元。

3.10 专利导航

在科技研发、产业规划和专利运营等活动中，通过利用专利信息等数据资源，分析产业发展格局和技术创新方向，明晰产业发展和技术研发路径，提高决策科学性的一种模式。

3.11 知识产权专员

具有一定知识产权专业能力，在科研项目中承担知识产权工作的人员。

4 总体要求

4.1 总则

应按本标准的要求建立、实施、运行知识产权管理体系，持续改进保持其有效性，并形成知识产权管理体系文件，包括：

a) 知识产权方针和目标；
b) 知识产权手册；
c) 本标准要求形成文件的程序和记录。

注1：本标准出现的"形成文件的程序"，是指建立该程序，形成文件，并实施和保持。一个文件可以包括一个或多个程序的要求；一个形成文件的程序的要求可以被包含在多个文件中。

注2：上述各类文件可以是纸质文档，也可以是电子文档或音像资料。

4.2 知识产权方针和目标

应制定知识产权方针和目标，形成文件，由最高管理者发布并确保：

a) 符合法律法规和政策的要求；
b) 与科研组织的使命定位和发展战略相适应；
c) 知识产权目标可考核并与知识产权方针保持一致；
d) 在持续适宜性方面得到评审；
e) 得到员工、学生的理解和有效执行。

4.3 知识产权手册

编制知识产权手册并应保持其有效性，包括：

a) 知识产权组织管理的相关文件；
b) 人力资源、科研设施、合同、信息管理和资源保障的知识产权相关文件；
c) 知识产权获取、运用、保护的相关文件；
d) 知识产权外来文件和知识产权记录文件；
e) 知识产权管理体系文件之间相互关系的表述。

4.4 文件管理

知识产权管理体系文件应满足以下要求：

a) 文件内容完整、表述明确，文件发布前需经过审核、批准；文件更新后再发布前，要重新进行审核、批准；

b) 建立、保持和维护知识产权记录文件，以证实知识产权管理体系符合本标准要求；

c) 按文件类别、秘密级别进行管理，易于识别、取用和阅读，保管方式和保管期限明确；

d) 对行政决定、司法判决、律师函件等外来文件进行有效管理；

e) 因特定目的需要保留的失效文件，应予以标记。

5 组织管理

5.1 最高管理者

最高管理者是科研组织知识产权管理第一责任人，负责：

a) 制定、批准发布知识产权方针；

b) 策划并批准知识产权中长期和近期目标；

c) 决定重大知识产权事项；

d) 定期评审并改进知识产权管理体系；

e) 确保资源配备。

5.2 管理者代表

最高管理者可在最高管理层中指定专人作为管理者代表，总体负责知识产权管理事务：

a) 统筹规划知识产权工作，审议知识产权规划，指导监督执行；

b) 审核知识产权资产处置方案；

c) 批准发布对外公开或提交重要的知识产权文件；

d) 协调涉及知识产权管理部门之间的关系；

e) 确保知识产权管理体系的建立、实施、保持和改进。

5.3 知识产权管理机构

建立知识产权管理机构，并配备专职工作人员，承担以下职责：

a) 拟定知识产权规划并组织实施；

b) 拟定知识产权政策文件并组织实施，包括知识产权质量控制，知识产权运用的策划与管理等；

c) 建立、实施和运行知识产权管理体系，向最高管理者或管理者代表提出知识产权管理体系的改进需求建议；

d) 组织开展与知识产权相关的产学研合作和技术转移活动；

e) 建立专利导航工作机制，参与重大科研项目的知识产权布局；

f) 建立知识产权资产清单，建立知识产权资产评价及统计分析体系，提出知识产权重大资产处置方案；

g) 审查合同中的知识产权条款，防范知识产权风险；

h) 培养、指导和评价知识产权专员；

i) 负责知识产权日常管理工作，包括知识产权培训，知识产权信息备案，知识产权外部服务机构的遴选、协调、评价工作等。

注：重大科研项目由科研组织自行认定。

5.4 知识产权服务支撑机构

建立知识产权服务支撑机构，可设在科研组织中负责信息文献的部门，或聘请外部服务机构，承担以下职责：

a) 受知识产权管理机构委托，为建立、实施与运行知识产权管理体系提供服务支撑；

b) 为知识产权管理机构提供服务支撑；

c) 为科研项目提供专利导航服务；

d) 负责知识产权信息及其他数据文献资源收集、整理、分析工作。

5.5 研究中心

研究中心应配备知识产权管理人员，协助研究中心负责人，承担本机构知识产权管理工作，具体包括以下职责：

a) 拟定知识产权计划并组织实施；

b) 统筹承担科研项目的知识产权工作；

c) 知识产权日常管理，包括统计知识产权信息并报送知识产权管理机构备案等；

d) 确保与知识产权管理机构的有效沟通，定期向其报告知识产权工作情况。

注：研究中心是指科研组织直接管理的实验室、研究室等机构。

5.6 项目组

5.6.1 项目组长

项目组长负责所承担科研项目的知识产权管理，包括：

a) 根据科研项目要求，确定知识产权管理目标并组织实施；

b) 确保科研项目验收时达到知识产权考核的要求；

c) 设立项目组知识产权专员。

5.6.2 知识产权专员

协助项目组长进行科研项目知识产权管理，负责：

a) 专利导航工作；

b) 知识产权信息管理，并定期向研究中心报告科研项目的知识产权情况；

c) 组织项目组人员参加知识产权培训；

d) 项目组知识产权事务沟通。

6 基础管理

6.1 人力资源管理

6.1.1 员工权责

通过人事合同明确员工的知识产权权利与义务，包括：

a) 与员工约定知识产权权属、奖励报酬、保密义务等；

b) 建立职务发明奖励报酬制度，依法对发明人给予奖励和报酬，对为知识产权运用做出重要贡献的人员给予奖励；

c)明确员工造成知识产权损失的责任。

6.1.2 入职和离职

加强入职、离职人员的知识产权管理，包括：

a)对新入职员工进行适当的知识产权背景调查，形成记录；

b)对于与知识产权关系密切岗位，应要求新入职员工签署知识产权声明文件；

c)对离职、退休的员工进行知识产权事项提醒，明确有关职务发明的权利和义务；

d)涉及核心知识产权的员工离职时，应签署知识产权协议或竞业限制协议。

6.1.3 培训

组织开展知识产权培训，包括：

a)制定知识产权培训计划；

b)组织中、高层管理人员的知识产权培训；

c)组织知识产权管理人员的知识产权培训；

d)组织项目组长、知识产权专员的专项培训；

e)组织员工的知识产权培训。

6.1.4 项目组人员管理

加强项目组人员的知识产权管理，包括：

a)针对重大科研项目进行项目组人员知识产权背景调查；必要时签署保密协议；

b)在论文发表、学位答辩、学术交流等学术事务前，应进行信息披露审查；

c)在项目组人员退出科研项目时，进行知识产权提醒。

6.1.5 学生管理

加强学生的知识产权管理，包括：

a)组织对学生进行知识产权培训，提升知识产权意识；

b)学生进入项目组，应进行知识产权提醒；

c)在学生发表论文、进行学位答辩、学术交流等学术事务前，应进行信息披露审查；

d)学生因毕业等原因离开科研组织时，可签署知识产权协议或保密协议。

6.2 科研设施管理

加强科研设施的知识产权管理，包括：

a)采购实验用品、软件、耗材时进行知识产权审查；

b)处理实验用过物品时应进行相应的知识产权检查；

c)在仪器设备管理办法中明确知识产权要求，对外租借仪器设备时，应在租借合同中约定知识产权事务；

d)国家重大科研基础设施和大型科研仪器向社会开放时，应保护用户身份信息以及在使用过程中形成的知识产权和科学数据，要求用户在发表著作、论文等成果时标注利用科研设施仪器情况。

6.3 合同管理

加强合同中的知识产权管理,包括:

a)对合同中的知识产权条款进行审查,并形成记录;

b)检索与分析、预警、申请、诉讼、侵权调查与鉴定、管理咨询等知识产权对外委托业务应签订书面合同,并约定知识产权权属、保密等内容;

c)在进行委托开发或合作开发时,应签订书面合同,明确约定知识产权权属、许可及利益分配、后续改进的权属和使用、发明人的奖励和报酬、保密义务等;

d)承担涉及国家重大专项等政府项目时,应理解该项目的知识产权管理规定,并按照要求进行管理。

6.4 信息管理

加强知识产权信息管理,包括:

a)建立信息收集渠道,及时获取所属领域、产业发展、有关主体的知识产权信息;

b)建立专利信息分析利用机制,对信息进行分类筛选和分析加工,形成产业发展、技术领域、专利布局等有关情报分析报告,并加以有效利用;

c)建立信息披露的知识产权审查机制。

7 科研项目管理

7.1 分类

根据科研项目来源和重要程度等对科研项目进行分类管理;科研项目应实行立项、执行、结题验收全过程知识产权管理,重大科研项目应配备知识产权专员。

7.2 立项

立项阶段的知识产权管理包括:

a)确认科研项目委托方的知识产权要求,制定知识产权工作方案,并确保相关人员知悉;

b)分析该科研项目所属领域的发展现状和趋势、知识产权保护状况和竞争态势,进行知识产权风险评估;

c)根据分析结果,优化科研项目研发方向,确定知识产权策略。

7.3 执行

执行阶段的知识产权管理包括:

a)搜集和分析与科研项目相关的产业市场情报及知识产权信息等资料,跟踪与监控研发活动中的知识产权动态,适时调整研发策略和知识产权策略,持续优化科研项目研发方向;

b)定期做好研发记录,及时总结和报告研发成果;

c)及时对研发成果进行评估和确认,明确保护方式和权益归属,适时形成知识产权;

d)对研发成果适时进行专利挖掘,形成有效的专利布局;

e)研发成果对外发布前,进行知识产权审查,确保发布的内容、形式和时间符合要求;

f)根据知识产权市场化前景初步确立知识产权运营模式。

7.4 结题验收

结题验收阶段的知识产权管理包括：

a)分析总结知识产权完成情况，确认科研项目符合委托方要求；

b)提交科研项目成果的知识产权清单，成果包括但不限于专利、文字作品、图形作品和模型作品、植物新品种、计算机软件、商业秘密、集成电路布图设计等；

c)整理科研项目知识产权成果并归档；

d)开展科研项目产出知识产权的分析，提出知识产权维护、开发、运营的方案建议。

8 知识产权运用

8.1 评估与分级管理

评估与分级管理中应满足以下要求：

a)构建知识产权价值评估体系和分级管理机制，建立知识产权权属放弃程序；

b)建立国家科研项目知识产权处置流程，使其符合国家相关法律法规的要求；

c)组成评估专家组，定期从法律、技术、市场维度对知识产权进行价值评估和分级；

d)对于有产业化前景的知识产权，建立转化策略，适时启动转化程序，需要二次开发的，应保护二次开发的技术成果，适时形成知识产权；

e)评估知识产权转移转化过程中的风险，综合考虑投资主体、共同权利人的利益；

f)建立知识产权转化后发明人、知识产权管理和转化人员的激励方案；

g)科研组织在对科研项目知识产权进行后续管理时，可邀请项目组选派代表参与。

8.2 实施和运营

实施和运营过程中应满足以下要求：

a)制定知识产权实施和运营策略与规划；

b)建立知识产权实施和运营控制流程；

c)明确权利人、发明人和运营主体间的收益关系。

8.3 许可和转让

许可和转让过程中应满足以下要求：

a)许可和转让前进行知识产权尽职调查，确保相关知识产权的有效性；

b)知识产权许可和转让应签订书面合同，明确双方的权利和义务，其中许可合同应当明确规定许可方式、范围、期限等；

c)监控许可和转让流程，预防与控制许可和转让风险，包括合同的签署、备案、执行、变更、中止与终止，以及知识产权权属的变更等。

8.4 作价投资

作价投资过程中应满足以下要求：

a)调查技术需求方以及合作方的经济实力、管理水平、所处行业、生产能力、技术能力、营销能力等；

b）根据需要选择有资质的第三方进行知识产权价值评估；

c）签订书面合同，明确受益方式和比例。

9 知识产权保护

应做好知识产权保护工作，防止被侵权和知识产权流失：

a）规范科研组织的名称、标志、徽章、域名及服务标记的使用，需要商标保护的及时申请注册；

b）规范著作权的使用和管理，建立在核心期刊上发表学术论文的统计工作机制，明确员工和学生在发表论文时标注主要参考文献、利用国家重大科研基础设施和大型科研仪器情况的要求；

c）加强未披露的信息专有权的保密管理，规定涉密信息的保密等级、期限和传递、保存及销毁的要求，明确涉密人员、设备、区域；

d）明确职务发明创造、委托开发、合作开发以及参与知识产权联盟、协同创新组织等情况下的知识产权归属、许可及利益分配、后续改进的权属等事项；

e）建立知识产权纠纷应对机制，制定有效的风险规避方案；及时发现和监控知识产权风险，避免侵犯他人知识产权；及时跟踪和调查相关知识产权被侵权的情况，适时通过行政和司法途径主动维权，有效保护自身知识产权。

10 资源保障

10.1 条件保障

根据需要配备相关资源，支持知识产权管理体系的运行，包括：

a）软硬件设备，如知识产权管理软件、计算机和网络设施等；

b）办公场所。

10.2 财务保障

设立经常性预算费用，用于：

a）知识产权申请、注册、登记、维持；

b）知识产权检索、分析、评估、运营、诉讼；

c）知识产权管理机构、服务支撑机构运行；

d）知识产权管理信息化；

e）知识产权信息资源；

f）知识产权激励；

g）知识产权培训；

h）其他知识产权工作。

11 检查和改进

11.1 检查监督

定期开展检查监督，根据监督检查的结果，对照知识产权方针、目标，制定和落实改进措施，确保知识产权管理体系的适宜性和有效性。

11.2 评审改进

最高管理者应定期评审知识产权管理体系的适宜性和有效性,制定和落实改进措施,确保与科研组织的战略方向一致。

15. 知识产权分析评议工作指南

知识产权分析评议工作指南

第一章 总则

第一条 为指导经济科技活动中的知识产权分析评议行为,保证知识产权分析评议质量,贯彻《深入实施国家知识产权战略行动计划(2014—2020)》(国办发〔2014〕64 号)、《国务院关于加快科技服务业发展的若干意见》(国发〔2014〕49 号)和《关于加强战略性新兴产业知识产权工作的若干意见》(国办发〔2012〕28 号)相关部署,特制定本指南。

第二条 知识产权分析评议是指综合运用情报分析手段,对经济科技活动所涉及的知识产权,尤其是与技术相关的专利等知识产权的竞争态势进行综合分析,对活动中的知识产权风险、知识产权资产的品质价值及处置方式的合理性、技术创新的可行性等进行评估、评价、核查与论证,根据问题提出对策建议,为政府和企事业单位开展经济科技活动提供咨询参考。

第三条 本指南适用于实施知识产权分析评议的所有相关方,包括分析评议的委托方、实施方、应用方等。委托方主要指知识产权分析评议的组织者,可以是政府部门和企事业单位,主要任务是明确需求、组织协调、提供保障,并将分析评议成果吸纳体现到决策活动中。对于重大经济科技活动,委托方一般应由经济科技活动的行政主管部门和知识产权行政管理部门联合组成,知识产权行政管理部门还需负责监督并指导分析评议的实施满足质量要求;实施方受委托方委托,在应用方的参与和配合下完成分析评议任务,是分析评议的具体承担者,一般指从事分析评议服务的知识产权服务机构或企事业单位内部的知识产权专门团队;应用方是指分析评议成果的实践应用者,一般指经济科技活动的具体实施者,负责将分析评议成果具体付诸实践。

第四条 实施知识产权分析评议的基本原则:

——目标性。应从委托方经济科技活动的知识产权切实需求和实际问题出发。

——科学性。应根据委托方需求确定分析评议的任务,科学全面地开展法律、技术、市场方面的信息检索与情报分析。

——综合性。应立足经济科技活动的实施要求,在系统分析知识产权相关情报的基础上,结合产业环境、市场环境和法制政策环境等信息,进行综合研究与判断。

——建设性。应针对经济科技活动中的知识产权竞争态势特点、问题和风险,提出具有可操作性的策略建议。

第二章 知识产权分析评议的类别内容

第五条 知识产权分析评议的适用类别包括公共管理活动和工商管理活动。知识产权分析评议的内容主要包括法律类分析模块、技术类分析模块和市场类分析模块。实施方应根据经济科技活动的适用活动特点和具体要求，选择组配具体分析模块开展分析评议工作。

第六条 知识产权分析评议适用但不限于如下公共管理活动：科技创新计划管理、科技产业化计划管理、科技奖励评审认定、高新技术企业及新产品认定、技术标准制修订审批、国有资产重组与剥离审批、重大投资项目审批、重大技术项目引进、企业上市监管、技术创新人才引进、科技创业人才引进、技术进出口管理、行业战略规划重点项目及产业政策制定等。

第七条 知识产权分析评议适用但不限于如下工商管理活动：研发项目管理、创新人才引进及管理、技术标准制修订或技术标准采用、技术/知识产权许可或转让、企业供应链构建、产品上市及出口、工业展会参展、企业无形资产管理、企业上市辅导、企业兼并购活动、企业资产重组与剥离、企业破产清算、企业战略规划编制、商业融资投资活动、知识产权维权、知识产权侵权应对等。

第八条 知识产权分析评议的法律类分析模块包括：知识产权法律信息查证、知识产权权属关系查证、知识产权法律风险分析、知识产权相关权利义务调查、目标市场知识产权法律环境调查、知识产权相关协议条款审查、知识产权稳定性评价、知识产权保护强度评价等。知识产权分析评议的技术类分析模块包括：专利技术趋势分析、专利技术竞争热度分析、创新空间分析、创新启示分析、技术可替代性分析、技术核心度调查、技术创新度评价、技术成熟度调查等。知识产权分析评议的市场类分析模块包括：产业知识产权竞争状况调查、知识产权关联度调查、目标对象知识产权策略及实力评价、知识产权资产审计与评估、知识产权经济效益调查等。

第九条 公共管理活动中，开展知识产权分析评议的主要目的在于提高重大经济科技活动的可预见性和管理效率，规避知识产权风险，维护投资安全，确保投资收益。工商管理活动中，开展知识产权分析评议的主要目的在于提高企事业单位的创新效率和质量，妥善解决工商管理活动中的知识产权问题，规避知识产权风险，形成有效的市场竞争策略。

第十条 公共管理活动开展知识产权分析评议的工作重点是，结合产业和区域规划、创新发展水平等要素，对重大经济科技活动的立项方向、知识产权风险、计划和项目的知识产权绩效、公共政策的可实施性等进行分析评议和综合研究，为重大经济科技活动的管理和决策提出合理化建议。工商管理活动开展知识产权分析评议的工作重点是，结合企事业单位的商业目标、资源状况、竞争环境等因素，对具体经济科技活动中的知识产权竞争态势、知识产权风险、知识产权资产状况、知识产权绩效等进行预测、评估、审计和评价，寻找创新空间，支撑知识产权布局，协助纠纷处理，为商业活动的顺利实施保驾护航。

第三章 知识产权分析评议的具体实施

第十一条 在公共管理活动中，一般由行政主管部门直接委托第三方提供知识产权分析评议服务，或要求管理相对方提供有一定资质的服务机构出具的知识产权分析评议报告。行政主管部门作为知识产权分析评议的直接委托方时，通常采取购买服务的方式，既可自行委托，也可与知识产权行政管理部门联合委托。企事业单位可采取内部组建专门团队自行承担、或委托从事分析评议服务的知识产权服务机构承担的方式，通过建立知识产权分析评议工作机制，将分析评议纳入原材料/零部件采购、生产制造、市场营销、人才管理、研发创新、资产经营与管理等相关工作体系。

第十二条 知识产权分析评议的实施应根据委托方的性质、特点和具体需求，建立针对性强、操作性好的工作机制和流程规范，形成个性化的解决方案。

第十三条 知识产权分析评议通常包括需求分析与任务确定、分析评议准备、方案实施、成果交付、交付反馈、后续服务等环节。

第十四条 在需求分析与任务确定环节，实施方应与委托方就知识产权分析评议的背景和需求进行充分沟通，在对经济科技活动的情境条件及具体要求、产业领域特点等进行综合分析的基础上，明确分析评议的任务目标。

第十五条 在分析评议准备环节，实施方应根据既定任务目标、所属行业领域竞争状况、分析评议类型及其实施特点，制定工作方案与工作计划，组建工作团队，并开展前期的资料搜集与调研。委托方应积极配合实施方提出的信息需求，提供所需的行业资讯和项目背景资料。

第十六条 在方案实施环节，实施方应按照工作方案和工作计划，根据分析评议的类别内容选择合适的分析模块进行组配。实施方应做好分析评议的时间管理、质量管理、成本管理、沟通管理和风险管理，保障团队投入时间，配置专业分析工具，确保采用信息准确完备，逻辑推理周延客观，分析结论有理有据，对策建议合理有效。

第十七条 实施方应按照既定的计划安排，交付阶段性成果和终成果。实施方应主动就阶段性成果与委托方进行沟通，委托方对于实施方提供的阶段性成果，应及时参与讨论并予以确认。

第十八条 分析评议终成果的形式包括文本成果和非文本成果。文本成果包括分析评议最终报告、过程文档、基础数据、分项报告、引用文件等；非文本成果包括咨询建议、应用培训、实施辅导等。

第十九条 分析评议最终报告应根据委托方和应用方的使用要求，确定报告的呈现形式和内容重点。面向决策者的报告，应简明、准确地阐述问题，给出明确结论和对策建议；面向应用方具体实施人员的报告，应详尽、全面地阐述问题，给出具体、可操作的策略建议。

第二十条 分析评议最终报告一般包括正文和附录。报告正文一般包括经济科技活动的基本信息、分析评议的任务目标、分析评议模块的内容构成、主要结论以及应对策略建议。分析评议模块内容组成应当紧扣项目需求，进行逐条评议。分析评议结论应当明确、简明。策略建议应具针对性和可操作性。附录可根据委托方的具体需求设定，包括分析评议过程中产生的过程文档、基础数据、分项报告、引用文件等。

第二十一条 分析评议成果交付后，对于委托方提出的合理要求，实施方应积极响应并与委托方沟通解决方案。实施方应积极完成与之相关的咨询建议、应用培训、实施辅导等后续服务。

第二十二条 实施方应建立分析评议质量控制体系，在分析评议过程中和成果交付后收集委托方和应用方的评价反馈信息，分析自身质量问题，确定改进目标，形成整改方案加以改进。知识产权行政管理部门应指导实施方的质量控制体系建设，实施方应积极配合。

第四章 知识产权分析评议的实施团队

第二十三条 知识产权分析评议的具体实施一般由具备分析评议能力的专业服务机构或企事业单位内部的专门团队承担。承担分析评议任务的专业服务机构应当组建分析评议实施团队，根据需要亦可要求委托方或应用方派驻专家进入实施团队。分析评议团队应能够检索世界知识产权组织规定的专利合作协定（PCT）最低文献量和主要国家知识产权法律状态信息，获取相关产业的市场竞争信息，拥有了解技术及产业现状、精通知识产权和相关外语的各类分析评议人员。

第二十四条 知识产权分析评议实施团队通常由项目负责人、信息检索人员、分析研究人员、技术和行业专家等组成，根据需要，可适时引入法律、技术和商业方面的外部专家，外部专家须遵守保密义务。

第二十五条 知识产权分析评议实施团队的项目负责人应具备项目统筹规划能力，能够进行项目团队管理和资源调配；具备知识产权分析评议质量控制能力；具备预防、处理知识产权分析评议过程中可能出现问题的能力；满足分析评议成果顺利交付的沟通能力。

第二十六条 信息检索人员应具备知识产权信息检索等相关的专业知识和外语能力，熟练掌握数据检索工具；能够独立进行技术分解，制定检索策略，能够查全、查准信息；能够开展数据清洗与数据标引。

第二十七条 分析研究人员应具有分析评议项目的专业背景和相应外语能力；具有掌握分析评议项目所处行业状况和技术背景的能力；具备系统解读、综合分析、评估评价知识产权相关信息、并敏锐发现知识产权风险与问题的能力；具备针对风险和问题提供解决方案的能力；具备撰写报告和口头表述的能力。

第二十八条 行业专家应掌握分析评议项目所处的行业现状与发展趋势，了解行业政策和行业特点；具备评价行业技术难点和热点的能力。

第二十九条 实施方在实施知识产权分析评议时，应与委托方或应用方签署保密协议，遵守保密义务。在未经委托方或应用方事前允许的情况下，不得以任何方式向第三方透露相关保密信息。

第五章 附则

第三十条 本指南由国家知识产权局负责解释。

第三十一条 本指南自发布之日起实施。

（2014年12月23日印发）

16. 重大科技项目知识产权管理规定

国家科技重大专项知识产权管理暂行规定

第一章 总则

第一条 为了在国家科技重大专项（以下简称"重大专项"）中落实知识产权战略，充分运用知识产权制度提高科技创新层次，保护科技创新成果，促进知识产权转移和运用，为培育和发展战略性新兴产业，解决经济社会发展重大问题提供知识产权保障，根据《科学技术进步法》《促进科技成果转化法》《专利法》等法律法规和《国家科技重大专项管理暂行规定》的有关规定，制定本规定。

第二条 本规定适用于《国家中长期科学和技术发展规划纲要（2006—2020年）》所确定的重大专项的知识产权管理。

本规定所称知识产权，是指专利权、计算机软件著作权、集成电路布图设计专有权、植物新品种权、技术秘密。

第三条 组织和参与重大专项实施的部门和单位应将知识产权管理纳入重大专项实施全过程，掌握知识产权动态，保护科技创新成果，明晰知识产权权利和义务，促进知识产权应用和扩散，全面提高知识产权创造、运用、保护和管理能力。

第二章 知识产权管理职责

第四条 科学技术部、国家发展和改革委员会、财政部（以下简称"三部门"）作为重大专项实施的综合管理部门，负责制定重大专项知识产权管理制度和政策，对重大专项实施中的重大知识产权问题进行统筹协调和宏观指导，监督检查各重大专项的知识产权工作落实情况。

国家知识产权局和相关知识产权行政管理部门，有效运用专业人才和信息资源优势，加强对重大专项知识产权工作的业务指导和服务。

第五条 重大专项牵头组织单位在专项领导小组领导下，全面负责本重大专项知识产权工作：

（一）制定符合本重大专项科技创新和产业化特点的知识产权战略；

（二）制定和落实本重大专项知识产权管理措施；

（三）建立知识产权工作体系，落实有关保障条件；

（四）对重大成果的知识产权保护、管理和运用等进行指导和监督；

（五）建立重大专项知识产权专题数据库，推动知识产权信息共享平台建设，建立重大专项知识产权预警机制；

（六）推动和组织实施标准战略，研究提出相关标准中的知识产权政策。

各重大专项实施管理办公室应当设立专门岗位、配备专门人员负责本重大专项知识产权工作。

重大专项领导小组和牵头组织单位可以根据需要，委托知识产权服务机构对本重大专项知识产权战略制定和决策提供咨询和服务。

第六条 重大专项专职技术责任人带领总体组，负责组织开展知识产权战略分析，提出技术方向和集成方案设计中的知识产权策略建议，对成果产业化可能产生的知识产权问题进行预测评估并提出对策建议，对项目（课题）的知识产权工作予以技术指导。

各重大专项总体组应当有知识产权专家或指定专家专门负责知识产权工作。

第七条 项目（课题）责任单位针对项目（课题）任务应履行以下知识产权管理义务：

（一）提出项目（课题）知识产权目标，并纳入项目（课题）合同管理；

（二）制定项目（课题）知识产权管理工作计划与流程，将知识产权工作融入研究开发、产业化的全过程；

（三）指定专人具体负责项目（课题）知识产权工作，根据需要委托知识产权服务机构对项目（课题）知识产权工作提供咨询和服务；

（四）组织项目（课题）参与人员参加知识产权培训，保证相关人员熟练掌握和运用相关的知识产权知识；

（五）履行本规定提出的各项知识产权管理义务，履行信息登记和报告义务，积极推进知识产权的运用。

各项目（课题）知识产权工作实行项目（课题）责任单位法定代表人和项目（课题）组长负责制。因未履行本规定提出的义务，造成知识产权流失或其他损失的，由重大专项领导小组、牵头组织单位根据本规定追究法定代表人和项目（课题）组长的相应责任。

第八条 参与项目（课题）实施的研究和管理人员应当提高知识产权意识，遵守知识产权管理制度，协助做好相关知识产权工作。

因违反相关规定造成损失的，应当承担相应责任。

第九条 重大专项实施过程中，应充分发挥知识产权代理、信息服务、战略咨询、资产评估等中介服务机构的作用，加强重大专项知识产权保护，完善知识产权战略，促进重大专项科技成果及其知识产权的应用和扩散。

知识产权中介服务机构应当恪守职业道德，认真履行职责，最大限度地保护国家利益和委托人利益。

第三章 重大专项实施过程中的知识产权管理

第十条 牵头组织单位在编制五年实施计划时，应当组织开展知识产权战略研究，对本重大专项重点领域的国内外知识产权状况进行分析，分析结果作为制定五年实施计划、年度计划、项目（课题）申报指南等的重要参考。

本条第一款规定的知识产权分析内容包括本重大专项技术领域的知识产权分布和保护态势、主要国家和地区同行业的关键技术及其知识产权保护范围、对我国相关产业研究开发和产业化的影响、本重大专项研究开发和产业化的知识产权对策等。

第十一条 项目（课题）申报单位提交申请材料时，应提交本领域核心技术知识产权状况分析，内容包括分析的目标、检索方式和路径、知识产权现状和主要权利人分布、本单位相关的知识产权状况、项目（课题）的主要知识产权目标和风险应对策略及其对产业的影响等。

项目（课题）申报单位拟在研究开发中使用或购买他人的知识产权时，应当在申请材料中作出说明。

牵头组织单位对项目（课题）申报单位的知识产权状况分析内容进行抽查论证。项目（课题）申报单位的知识产权状况分析弄虚作假的，取消其项目（课题）申报资格。

第十二条 牵头组织单位应把知识产权作为立项评审的独立评价指标，合理确定其在整个评价指标体系中的权重。

牵头组织单位应聘请知识产权专家参加评审，并根据需要委托知识产权服务机构对同一项目（课题）申请者的知识产权目标及其可行性进行汇总和评估，评估结果作为项目评审的重要依据。

第十三条 对批准立项的项目（课题），牵头组织单位和项目（课题）责任单位应当在任务合同书中明确约定知识产权任务和目标。

对多个单位共同承担的项目（课题），各参与单位应当就研究开发任务分工和知识产权归属及利益分配签订协议。

第十四条 项目（课题）责任单位在签订子课题或委托协作开发协议时，应当在协议中明确各自的知识产权权利和义务。

第十五条 项目（课题）实施过程中，责任单位应密切跟踪相关技术领域的知识产权及技术标准发展动态，据此按照有关程序对项目（课题）的研究策略及知识产权措施及时进行相应调整。

在项目实施过程中，如发现因知识产权受他人制约等情况而无法实现项目（课题）目标，需对研究方案和技术路线等进行重大调整的，项目（课题）责任单位应及时报牵头组织单位批准。项目（课题）责任单位未进行知识产权跟踪分析或对分析结果故意隐瞒不报造成预期目标无法实现的，由重大专项领导小组、牵头组织单位根据各自职责予以通报批评、限期改正、缓拨项目经费、终止项目合同、追回已拨经费、取消承担重大专项项目（课题）资格等处理。

牵头组织单位发现本重大专项所涉及的领域发生重大知识产权事件，对重大专项实施带来重大风险的，应当及时进行分析评估，制定对策，调整布局，并按规定报批。

第十六条　各重大专项应当建立本领域知识产权专题数据库，作为重大专项管理信息系统的重要组成部分，向项目（课题）责任单位开放使用。鼓励项目（课题）责任单位和其他机构开发的与本领域密切相关的知识产权信息纳入重大专项管理信息系统，按照市场机制，向项目（课题）责任单位开放使用。

第十七条　项目（课题）责任单位在提交阶段报告和验收申请报告中应根据要求报送知识产权信息，内容包括知识产权类别、申请号和授权（登记）号、申请日和授权（登记）日、权利人、权利状态等。

第十八条　牵头组织单位应定期对本重大专项申请和获取的知识产权总体情况进行评估分析，跟踪比较国内外发展态势，研究提出下一阶段知识产权策略。

第十九条　在三部门、重大专项领导小组组织开展的监测评估中，应当对各重大专项知识产权战略制定情况、项目（课题）评审知识产权工作落实情况、知识产权工作体系和制度建设情况、项目（课题）责任单位知识产权管理状况、项目（课题）知识产权目标完成情况、所取得知识产权的维护、转化和运用情况进行调查分析，做出评估判断，提出对策建议。

第二十条　知识产权情况是重大专项验收的重要内容之一。

项目（课题）验收报告应包含知识产权任务和目标完成情况、成果再开发和产业化前景预测。未完成任务合同书约定的知识产权目标的，项目（课题）责任单位应当予以说明。

牵头组织单位进行项目（课题）验收评价时，应当以任务合同书所约定的知识产权目标和考核指标为依据，对项目（课题）知识产权任务和目标完成、保护及运用情况做出明确评价。

三部门组织的验收中，各重大专项应当对本重大专项知识产权任务完成情况、对产业发展的影响等予以说明。

第二十一条　参与重大专项实施的各主体在进行知识产权分析、知识产权评估、项目（课题）知识产权验收等环节，应当充分发挥知识产权行政管理部门业务指导作用。

第四章　知识产权的归属和保护

第二十二条　重大专项产生的知识产权，其权利归属按照下列原则分配：

（一）涉及国家安全、国家利益和重大社会公共利益的，属于国家，项目（课题）责任单位有免费使用的权利。

（二）除第（一）项规定的情况外，授权项目（课题）责任单位依法取得，为了国家安全、国家利益和重大社会公共利益的需要，国家可以无偿实施，也可以许可他人有偿实施或者无偿实施。项目（课题）任务合同书应当根据上述原则对所产生的知识产权归属做出明确约定。

属于国家所有的知识产权的管理办法另行规定。牵头组织单位或其指定机构对属于国家所有的知识产权负有保护、管理和运用的义务。

第二十三条　子课题或协作开发形成的知识产权的归属按照本规定第二十二条第一款的规定执行。项目（课题）责任单位在签订子课题或协作开发任务合同时，应当告知子课题和协作开发任务的承担单位国家对该项目(课题)知识产权所拥有的权利。上述合同内容与国家保留的权利相冲突的，不影响国家行使相关权利。

第二十四条　论文、学术报告等发表、发布前，项目(课题)责任单位要进行审查和登记，涉及应当申请专利的技术内容，在提出专利申请前不得发表、公布或向他人泄露。未经批准发表、发布或向他人泄露，使研究成果无法获得专利保护的，由重大专项领导小组、牵头组织单位根据各自职责追究直接责任人、项目(课题)组长、法定代表人的责任。

第二十五条　对项目(课题)产生的科技成果，项目(课题)责任单位应当根据科技成果特点，按照相关法律法规的规定适时选择申请专利权、申请植物新品种权、进行著作权登记或集成电路布图设计登记、作为技术秘密等适当方式予以保护。对于应当申请知识产权并有国际市场前景的科技成果，项目(课题)责任单位应当在优先权期限内申请国外专利权或者其他知识产权。

项目(课题)责任单位不申请知识产权保护或者不采取其他保护措施时，牵头组织单位认为有必要采取保护措施的，应书面督促项目(课题)责任单位采取相应的措施，在其仍不采取保护措施的情况下，牵头组织单位可以自行申请知识产权或者采取其他相应的保护措施。

第二十六条　对作为技术秘密予以保护的科技成果，项目(课题)责任单位应当明确界定、标识予以保护的技术信息及其载体，采取保密措施，与可能接触该技术秘密的科技人员和其他人员签订保密协议。涉密人员因调离、退休等原因离开单位的，仍负有协议规定的保密义务，离开单位前应当将实验记录、材料、样品、产品、装备和图纸、计算机软件等全部技术资料交所在单位。

第二十七条　项目(课题)责任单位应当对重大专项知识产权的发明人、设计人或创作者予以奖励。被授予专利权的项目(课题)责任单位应当依照专利法及其实施细则等法律法规的相关规定对职务发明创造的发明人、设计人或创作者予以奖励。

第二十八条　权利人拟放弃重大专项产生或购买的知识产权的，应当进行评估，并报牵头组织单位备案。未经评估放弃知识产权或因其他原因导致权利失效的，由重大专项领导小组、牵头组织单位根据各自职责对项目(课题)责任单位及其责任人予以通报批评，并责令其改进知识产权管理工作。

第二十九条　项目(课题)责任单位可以在项目(课题)知识产权事务经费中列支知识产权保护、维护、维权、评估等事务费。

项目(课题)验收结题后，项目(课题)责任单位应当根据需要对重大专项产生的知识产权的申请、维持等给予必要的经费支持。

第五章　知识产权的转移和运用

第三十条　重大专项牵头组织单位、知识产权权利人应积极推动重大专项产生的知识产权的转移和运用，加快知识产权的商品化、产业化。

第三十一条　重大专项产生的知识产权信息，在不影响知识产权保护、国家秘密和技术秘密保护的前提下，项目(课题)责任单位应当广泛予以传播。

项目(课题)责任单位、被许可人或受让人就项目(课题)产生的科技成果申请知识产权、进行发表或转让的，应当注明"国家科技重大专项资助"。

第三十二条 鼓励项目(课题)责任单位将获得的自主知识产权纳入国家标准，并积极参与国际标准制定。

第三十三条 重大专项产生的知识产权，应当首先在境内实施。许可他人实施的，一般应当采取非独占许可的方式。

知识产权转让、许可出现下列情形之一的，应当报牵头组织单位审批。牵头组织单位为企业的，应报专项领导小组组长单位审批。

(一)向境内机构或个人转让或许可其独占实施；

(二)向境外组织或个人转让或许可的；

(三)因并购等原因致使权利人发生变更的。

向境外组织或个人转让或许可的，经批准后，还应依照《中华人民共和国技术进出口管理条例》执行。

知识产权转让、许可主体为执行事业单位财务和会计制度的事业单位，或执行《民间非营利组织会计制度》的社会团体及民办非企业单位的，按照《事业单位国有资产管理暂行办法》(财政部令第36号)规定执行。

第三十四条 重大专项产生的知识产权，各项目(课题)责任单位应当首先保证其他项目(课题)责任单位为了重大专项实施目的的使用。

项目(课题)责任单位为了重大专项研究开发目的，需要集成使用其他项目(课题)责任单位实施重大专项产生和购买的知识产权时，相关知识产权权利人应当许可其免费使用；为了重大专项科技成果产业化目的使用时，相关知识产权权利人应当按照平等、合理、无歧视原则许可其实施。

项目(课题)责任单位为了研究开发目的而获得许可使用他人的知识产权时，应当在许可协议中约定许可方有义务按照平等、合理、无歧视原则授予项目(课题)责任单位为了产业化目的的使用。

第三十五条 对重大专项产生和购买的属于项目(课题)责任单位的知识产权，有下列情形之一，牵头组织单位可以依据本规定第二十二条第一款第(二)项的规定，要求项目(课题)责任单位以合理的条件许可他人实施；项目(课题)责任单位无正当理由拒绝许可的，牵头组织单位可以决定在批准的范围内推广使用，允许指定单位一定时期内有偿或者无偿实施：

(一)为了国家重大工程建设需要；

(二)对产业发展具有共性、关键作用需要推广应用；

(三)为了维护公共健康需要推广应用；

(四)对国家利益、重大社会公共利益和国家安全具有重大影响需要推广应用。

获得指定实施的单位不享有独占的实施权。取得有偿实施许可的,应当与知识产权权利人商定合理的使用费。

第三十六条 国家知识产权局可以根据专利法及其实施细则和《集成电路布图设计保护条例》的相关规定,给予实施重大专项产生的发明专利、实用新型专利和集成电路布图设计的强制许可或者非自愿许可。

第三十七条 项目(课题)责任单位许可或转让重大专项产生的知识产权时,应当告知被许可人或受让人国家拥有的权利。许可和转让协议不得影响国家行使相关权利。

第三十八条 鼓励项目(课题)责任单位以科技成果产业化为目标,按照产业链建立产业技术创新战略联盟,通过交叉许可、建立知识产权分享机制等方式,加速科技成果在产业领域应用、转移和扩散,为产业和社会发展提供完整的技术支撑和知识产权保障。

按照产业链不同环节部署项目(课题)的重大专项,牵头组织单位应当推动建立产业技术创新战略联盟。

第三十九条 在项目结束后五年内,项目(课题)责任单位或重大专项知识产权被许可人或受让人应当根据重大专项牵头组织单位的要求,报告知识产权应用、再开发和产业化等情况。

第四十条 项目(课题)责任单位应当依法奖励为完成该项科技成果及转化做出重要贡献的人员。

第六章 附则

第四十一条 各重大专项可以依据本规定,结合本重大专项特点,制定本重大专项的知识产权管理实施细则。

第四十二条 事业单位转让无形资产取得的收入和取得无形资产所发生的支出,应当按照《事业单位财务规则》和《事业单位国有资产管理暂行办法》(财政部令36号)有关规定执行。

第四十三条 国防科技知识产权管理按有关规定执行。

第四十四条 本办法自2010年8月1日起施行。

17. 知识产权资产评估指南

知识产权资产评估指南

第一章 总则

第一条 为规范知识产权资产评估行为,保护资产评估当事人合法权益和公共利益,根据《资产评估执业准则——无形资产》制定本指南。

第二条 本指南所称知识产权资产,是指知识产权权利人拥有或者控制的,能够持续发挥作用并且带来经济利益的知识产权权益。知识产权资产包括专利权、商标专用权、著作权、商业秘密、集成电路布图设计和植物新品种等。

第三条　本指南所称知识产权资产评估，是指资产评估机构及其资产评估专业人员遵守法律、行政法规和资产评估准则，根据委托对评估基准日特定目的下的知识产权资产价值进行评定和估算，并出具资产评估报告的专业服务行为。

第四条　执行知识产权资产评估业务，应当遵守本指南。

第二章　基本遵循

第五条　资产评估机构及其资产评估专业人员开展知识产权资产评估业务，应当遵守法律、行政法规的规定，坚持独立、客观、公正的原则，诚实守信，勤勉尽责，谨慎从业，遵守职业道德规范，自觉维护职业形象，不得从事损害职业形象的活动。

第六条　资产评估机构及其资产评估专业人员开展知识产权资产评估业务，应当独立进行分析和估算并形成专业意见，拒绝委托人或者其他相关当事人的干预，不得直接以预先设定的价值作为评估结论。

第七条　执行知识产权资产评估业务，应当具备知识产权资产评估的专业知识和实践经验，能够胜任所执行的知识产权资产评估业务。

执行某项特定业务缺乏特定的专业知识和经验时，应当采取弥补措施，包括利用专家工作及相关报告等。

第八条　资产评估机构应当关注知识产权资产评估业务的复杂性，根据自身的资产评估专业人员配备、专业知识和经验，审慎考虑是否有能力受理知识产权资产评估业务。

第九条　执行知识产权资产评估业务，应当明确评估对象、评估范围、评估目的、评估基准日、价值类型和资产评估报告使用人。

第十条　知识产权资产评估目的通常包括转让、许可使用、出资、质押、诉讼、财务报告等。

第十一条　执行知识产权资产评估业务，应当充分考虑评估目的、市场条件、评估对象自身条件等因素，恰当选择价值类型。

第十二条　执行知识产权资产评估业务，应当对资产评估活动中使用的资料进行核查验证。

第十三条　执行知识产权资产评估业务，应当合理使用评估假设。

第十四条　执行知识产权资产评估业务，应当关注宏观经济政策、行业政策、经营条件、生产能力、市场状况、产品生命周期等各项因素对知识产权资产效能发挥的作用，以及对知识产权资产价值产生的影响。

第十五条　执行知识产权资产评估业务，应当关注知识产权资产的基本情况：

(一)知识产权资产权利的法律文件、权属有效性文件或者其他证明资料；

(二)知识产权资产特征和使用状况，历史沿革以及评估与交易情况；

(三)知识产权资产实施的地域范围、领域范围、获利能力与获利方式，知识产权资是否能给权利人带来显著、持续的可辨识经济利益；

（四）知识产权资产的法定寿命和剩余经济寿命，知识产权资产的保护措施；

（五）知识产权资产实施过程中所受到的法律、行政法规或者其他限制；

（六）类似知识产权资产的市场价格信息；

（七）其他相关信息。

第十六条　执行知识产权资产评估业务，应当要求委托人明确评估对象，并关注评估对象的权利状况以及法律、经济、技术等具体特征。

知识产权资产通常与其他资产共同发挥作用，执行知识产权资产评估业务应当根据评估对象的具体情况和评估目的分析、判断知识产权资产的作用，恰当进行单项知识产权资产或者知识产权资产组合的评估，合理确定知识产权资产的价值。

第十七条　专利资产是指专利权利人拥有或者控制的，能够持续发挥作用并且带来经济利益的专利权益。专利资产评估业务的评估对象是指专利资产权益，包括专利所有权和专利使用权。专利使用权是指专利实施许可权，具体形式包括专利权独占许可、独家许可、普通许可和其他许可形式。

执行专利资产评估业务，应当明确专利资产的权利属性。评估对象为专利所有权的，应当关注专利权是否已经许可他人使用以及使用权的具体形式，并关注其对专利所有权价值的影响。评估对象为专利使用权的，应当明确专利使用权的许可形式、许可内容及许可期限。

第十八条　商标资产是指商标权利人拥有或者控制的，能够持续发挥作用并且能带来经济利益的注册商标权益。注册商标包括商品商标、服务商标、集体商标、证明商标。商标资产评估涉及的商标通常为商品商标和服务商标。

商标资产评估对象是指受法律保护的注册商标资产权益，包括商标专用权、商标许可权。评估对象为商标专用权的，应当关注商标是否已经许可他人使用以及具体许可形式；评估对象为商标许可权的，应当明确该权利的具体许可形式、内容和期限。

第十九条　著作权资产，是指著作权权利人拥有或者控制的，能够持续发挥作用并且带来经济利益的著作权财产权益和与著作权有关权利的财产权益。著作权资产评估对象是指著作权中的财产权益以及与著作权有关权利的财产权益。

著作权财产权利种类包括：复制权、发行权、出租权、展览权、表演权、放映权、广播权、信息网络传播权、摄制权、改编权、翻译权、汇编权以及著作权人享有的其他财产权利。

与著作权评估有关的权利通常包括：出版者对其出版的图书、期刊的版式设计的权利，表演者对其表演享有的权利，录音、录像制作者对其制作的录音、录像制品享有的权利，广播电台、电视台对其制作的广播、电视所享有的权利以及由法律、行政法规规定的其他与著作权有关的权利。

著作权资产的财产权利形式包括著作权人享有的权利，以及转让或者许可他人使用的权利。许可使用形式包括法定许可和授权许可；授权许可形式包括专有许可、非专有许可和其他形式许可等。

执行著作权资产评估业务，应当明确著作权资产的权利形式。当评估对象为著作权许可使用权时，应当明确具体许可形式、内容和期限。

执行著作权资产评估业务，还应当关注原创著作权和衍生著作权之间的权利关系以及著作权与有关权利之间的关系。

第二十条 商业秘密，是指不为公众所知悉、能为权利人带来经济利益、具有实用性并经权利人采取保密措施的技术信息和经营信息，包括设计、程序、产品配方、制作工艺、制作方法、管理诀窍、客户名单、货源情报、产销策略、招投标中的标底及标书内容等信息。设计、程序、产品配方、制作工艺、制作方法等在实务中通常称为专有技术或者技术诀窍。

执行商业秘密资产评估业务，应当关注商业秘密的保密级别、保密期限、应用范围等，同时应当考虑权利人对商业秘密采取的保护措施，如竞业禁止协议等对商业秘密价值的影响。

第二十一条 集成电路布图设计，是指集成电路中至少有一个是有源元件的两个以上元件和部分或者全部互连线路的三维配置，或者为制造集成电路而准备的上述三维配置。其中，集成电路是指半导体集成电路，即以半导体材料为基片，将至少有一个是有源元件的两个以上元件和部分或者全部互连线路集成在基片之中或者基片之上，以执行某种电子功能的中间产品或者最终产品。

集成电路布图设计资产评估对象是指集成电路布图设计资产的权益，包括专有权和许可他人使用的权利。

集成电路布图设计权利人享有下列专有权：

（一）对受保护的布图设计的全部或者其中任何具有独创性的部分进行复制；

（二）将受保护的布图设计、含有该布图设计的集成电路或者含有该集成电路的物品投入商业利用。

集成电路布图设计权利人可以将其专有权转让或者许可他人使用其布图设计。

在执行集成电路布图设计资产评估业务时，应当关注是否存在反向工程、强制许可、独立创作的相同设计等情况，并考虑其对评估结论的影响。

第二十二条 植物新品种是指经过人工培育的或者对发现的野生植物加以开发，具备新颖性、特异性、一致性和稳定性，并有适当命名的植物品种。

植物新品种资产评估对象是指相关权利人拥有或控制的，能够持续发挥作用并且能带来经济利益的由农业部门或者林业部门授予的植物新品种权益。

执行涉外转让植物新品种资产评估业务，应当要求委托人提供包括相关审批机关予以登记的证明、相关审批机关同意转让的批准回复以及相关审批机关发布的转让公告等经济行为依据。

执行植物新品种资产评估业务，应当关注植物新品种是否已经由相关部门审定，以及审定对植物新品种应用范围的限制。

第二十三条　确定知识产权资产价值的评估方法包括市场法、收益法和成本法三种基本方法及其衍生方法。

执行知识产权资产评估业务，应当根据评估目的、评估对象、价值类型、资料收集等情况，分析上述三种基本方法的适用性，选择评估方法。

第二十四条　编制知识产权资产评估报告应当反映知识产权资产的特点，通常包括下列内容：

(一)知识产权资产的性质、权利状况及限制条件；

(二)知识产权资产实施的地域限制、领域限制及法律限制条件；

(三)宏观经济和行业前景；

(四)知识产权资产应用的历史、现实状况与发展前景；

(五)知识产权资产的获利期限；

(六)评估依据的信息来源；

(七)其他必要信息。

第二十五条　知识产权资产评估报告应当明确说明评估过程和依据，通常包括下列内容：

(一)价值类型的选择及其定义；

(二)评估方法的选择及其理由；

(三)各重要参数的来源、分析、比较与测算过程；

(四)对测算结果进行分析，形成评估结论的过程；

(五)评估结论成立的假设前提和限制条件；

(六)可能影响评估结论的特别事项。

第三章　以转让或者许可使用为目的的知识产权资产评估

第二十六条　执行以转让或者许可使用为目的的知识产权资产评估业务，应当知晓评估对象通常为知识产权资产的所有权或者使用权，并要求委托人明确评估对象。

第二十七条　执行以转让或者许可使用为目的的知识产权资产评估业务，应当考虑评估目的、市场条件、评估对象自身条件等因素，恰当选择价值类型。以出资、转让、许可使用等交易为目的的通常选择市场价值或者投资价值。

第二十八条　执行以转让为目的的知识产权资产评估业务，应当关注委托人已经确定的转让方式和转让价款的支付方式等因素，确定其对评估结论的影响，并在资产评估报告中披露转让方式等事项。

第二十九条　执行以许可使用为目的的知识产权资产评估业务，应当关注许可使用的具体形式、许可使用费支付方式、许可使用期限和范围等，确定其对评估结论的影响，并在资产评估报告中披露许可使用的具体形式、许可使用费支付方式、许可使用期限和范围等。

第四章 以出资为目的的知识产权资产评估

第三十条 执行以出资为目的的知识产权资产评估业务，应当熟悉知识产权管理部门以及工商行政管理部门关于知识产权出资的有关规定。

第三十一条 以出资为目的的知识产权资产评估业务包括：

（一）工商行政管理部门受理的有限责任公司或者股份有限公司设立或者增资时，对作为股东或者发起人出资的知识产权资产进行的评估；

（二）工商行政管理部门受理的其他非公司法人类型企业所涉及的以知识产权资产出资的资产评估；

（三）法律、行政法规规定的其他需要进行知识产权资产评估的事项。

第三十二条 知识产权出资应当符合《中华人民共和国公司法》《中华人民共和国公司登记管理条例》《公司注册资本登记管理规定》等法律、行政法规的要求。

执行知识产权资产出资评估业务应当关注评估对象是否可以用于出资，但不得对评估对象是否可以作为出资资产进行确认或者发表意见。

第三十三条 对重组、改制企业的知识产权资产进行评估时，应当关注的内容通常包括：

（一）资产的权利人与出资人是否一致；

（二）出资人的经济行为是否需经有权机构批准，并经相关管理部门审查同意；

（三）设定他项权利的资产是否与其相对应的负债分离；

（四）企业重组、改制方案以及批复文件和相关法律意见书等。

第三十四条 执行知识产权出资资产评估业务应当关注评估对象可使用期限对其价值的影响，并结合知识产权资产法定保护期限以及受益期限评估其价值。

第三十五条 采用收益法评估知识产权资产时，应当结合出资目的实现后评估对象合理的生产规模、市场份额、技术及管理水平等因素，综合判断未来收益预测的合理性。

第三十六条 对以包含知识产权的资产负债组合出资的，应当依据同口径的可靠财务数据，分别选用适当的评估方法对各项资产和负债价值进行评估，以资产组合方式列示其价值。

第五章 以质押为目的的知识产权资产评估

第三十七条 执行以质押为目的的知识产权资产评估业务，应当熟悉《中华人民共和国担保法》《中华人民共和国物权法》以及知识产权管理部门、金融管理部门关于知识产权质押融资的相关规定。

第三十八条 执行知识产权资产质押评估业务应当关注出质知识产权需要具备的以下基本条件：

（一）出质人拥有完整、合法、有效的相关知识产权权利，产权关系明晰；

（二）出质的知识产权具有一定的价值，可以依法转让；

（三）以专利权出质的，应当符合国家知识产权局关于专利权质押登记的相关规定；以商标专用权出质的，应当符合工商行政管理局关于注册商标专用权质权登记的相关规定；以著作权出质的，应当符合国家版权局关于著作权质权登记的相关规定；

（四）构成知识产权组合的各单项知识产权，如果共同出质设定为质押对象，应当符合相关行政主管部门质押登记的有关规定；

（五）符合其他法律、行政法规的要求。

第三十九条 执行知识产权资产质押评估业务应当关注出质知识产权的具体情况：

（一）在评估共有知识产权时，应当关注知识产权共有人是否一致同意将该知识产权进行质押；

（二）评估对象是否存在合同约定的出质限制，包括时间、地域方面的限制以及存在质押、诉讼等权利限制；

（三）涉及知识产权质物处置评估时，应当关注与质押知识产权资产实施和运用不可分割的其他资产是否一并处置。

第四十条 执行知识产权资产质押评估业务应当关注评估对象是否可以用于出质，但不得对评估对象是否可以作为出质资产进行确认或者发表意见。

第四十一条 委托人将评估基准日设定在确定贷款审批发放或者作出其他质押融资决策之前的，为了解知识产权资产在通常条件下能够合理实现的价值并以此确定贷款额度，可以委托评估其市场价值或者其他类型的价值。

委托人将评估基准日设定在出质人违约、拟处置知识产权资产时，为确定处置底价或者可变现价值提供参考依据，可以委托评估其市场价值或者清算价值。

第四十二条 执行知识产权资产质押评估业务应当关注知识产权资产质押风险对资产评估报告相关信息披露的特殊要求，并对相关事项作出充分披露。

第四十三条 需要在存在重大不确定因素情况下作出评估相关判断的，应当保持必要的谨慎，尽可能充分估计知识产权资产在处置时可能受到的限制、未来可能发生的风险和损失，并在资产评估报告中作出必要的风险提示。法定优先受偿权利等情况的书面查询资料，应当作为资产评估报告的附件。

第四十四条 跟踪评估出质知识产权市场价值或者其他类型的价值，应当对知识产权实施市场已经发生的变化予以充分考虑和说明。

第六章 以诉讼为目的的知识产权资产评估

第四十五条 执行以诉讼为目的的知识产权资产评估业务，应当熟悉国家司法部门和知识产权管理部门有关知识产权诉讼的规定。

第四十六条 执行以诉讼为目的的知识产权资产评估业务，应当与委托人和相关当事人进行充分沟通，了解案情基本情况，并且通过现场调查和资料收集等确认评估对象和评估范围，诉讼评估的知识产权资产通常为涉案资产或者其他相关经济利益。

其他相关经济利益是指一方当事人的行为给另一方当事人造成的经济损失以及费用增

加等，通常包括侵权损失、资产损害，以及由于个人或者法人经营、合同纠纷等行为引起的相关经济利益变化。

第四十七条 执行以诉讼为目的的知识产权资产评估业务，应当提醒委托人根据评估对象和具体案件的不同，合理确定评估基准日。评估基准日可以是过去或者现在的某一时点。

第四十八条 执行以诉讼为目的的知识产权资产评估业务，应当根据评估目的、评估对象、案件具体情况以及所处阶段的不同，合理确定涉案知识产权资产评估的价值类型。

第四十九条 执行以诉讼为目的的知识产权资产评估业务，应当尽可能要求委托人和其他相关当事人提供相关资料，并要求其对资料的真实性、完整性、合法性进行确认，同时通过市场调查、专家访谈等方式收集评估资料。

第五十条 执行以诉讼为目的的知识产权资产评估业务，应当尽可能在委托人、其他相关当事人的配合下进行现场调查。

现场调查时应当保留必要的文字、语音、照片、影像等资料，以书面形式记录调查的时间、地点、过程、结果等，并与参加现场调查的委托人、其他相关当事人等共同确认。

如果调查时出现委托人或者其他相关当事人不在现场，或者相关人员不予配合等情况，则应详细记录现场情况，收集必要的证据资料，并在资产评估报告中予以披露。

第五十一条 编制以诉讼为目的的知识产权资产评估报告，应当重点披露下列内容：

（一）是否存在资产评估委托合同（委托要约）对资产评估基本事项约定不明确，或者评估对象和评估范围与资产评估委托合同（委托要约）约定不一致的情形；

（二）涉案知识产权资产以及其他相关经济利益的具体内容以及价值构成；

（三）现场调查和资料收集过程中委托人和其他相关当事人的配合情况；

（四）其他可能影响正确理解评估结论和资产评估报告使用的事项。

第七章 以财务报告为目的知识产权资产评估

第五十二条 执行以财务报告为目的的知识产权评估业务，应当提醒委托人根据项目具体情况以及会计准则要求，合理确定评估对象。评估对象可以是单项知识产权资产，也可以是知识产权资产组合或者与其他有形和无形资产组成的资产组。

第五十三条 执行会计准则规定的合并对价分摊事项涉及的知识产权资产评估业务，购买方取得的被购买方拥有的但在其财务报表上未确认的知识产权资产被确认为无形资产的，需要满足以下条件之一：

（一）源于合同性权利或者其他法定权利；

（二）能够从被购买方资产分离或者划分出来，并能单独或者与相关合同、资产和负债一起，用于出售、转移、授予许可、租赁或者交换。

第五十四条 执行会计准则规定的合并对价分摊事项涉及的知识产权资产评估业务，如果知识产权资产是不可分离的或者其市场价值不能可靠计量，应当将该项知识产权资产所在的最小资产组作为评估对象；如果与知识产权资产相联系资产的单独市场价值能可靠计量，并且各单项资产具有相同或者近似的使用寿命，可以将该项知识产权资产所在的最小资产组作为评估对象。

第五十五条 执行会计准则规定的减值测试涉及的知识产权资产评估业务应当知晓，使用寿命不确定的知识产权资产一般每年都进行减值测试，而使用寿命确定的知识产权资产只有在存在明显的减值迹象时才进行减值测试。

第八章 附则

第五十六条 本指南自 2017 年 10 月 1 日起施行。中国资产评估协会于 2015 年 12 月 31 日发布的《关于印发〈知识产权资产评估指南〉的通知》(中评协〔2015〕82 号)同时废止。

18. 资产评估准则——无形资产(略)

参 考 文 献

[1] 申长雨. 迈向知识产权强国之路(第二辑)[M]. 北京：知识产权出版社，2017.

[2] 公共微信号：IPRdaily 中文网(IPRdaily.cn).

[3] 公共微信号：强国院.

[4] 郑克中. 客观效用价值论[M]. 济南：山东人民出版社，2003.

[5] [日]堺屋太一. 知识价值革命[M]. 金泰相，周海鹏. 译. 北京：东方出版社，1986.

[6] 〔美〕莱斯莉·艾伦·哈里斯. 数字化资产——21 世纪的货币[M]. 常晓波，译. 北京：中国大百科全书出版社，2002.

[7] 郑成思. 知识产权价值评估中的法律问题[M]. 北京：法律出版社，1999.

[8] 叶京生. 国际知识产权学[M]. 上海：立信会计出版社，2004.

[9] 王志平. 无形资产的概念与定义初探[J]. 生产力研究，1997(5)：7-10.

[10] 胡佐超. 专利管理[M]. 上海：知识产权出版社，2001.

[11] 〔美〕亚历山大·I. 波尔托拉克、保罗·J. 勒纳. 知识产权精要[M]. 于东智，谷立日，译. 北京：中国人民大学出版社，2004.

[12] 李富强. 知识经济与知识产品[M]. 北京：社会科学文献出版社，1998.

[13] 中共中央文献研究室. 习近平总书记重要讲话文章摘编[M]. 中央文献出版社，2016年.（内部发行）

[14] 国家知识产权局. 习近平总书记关于知识产权论述摘编[M]. 2017年.（内部发行）

[15] 公共微信号：国家知识产权局.

[16] 《国务院关于大力推进大众创业万众创新若干政策措施的意见》.（国发〔2015〕32号）：第三部分第四条.

[17] 刘鸿恩，张列平. TRIZ 问题解决的创造性理论和方法[J]. 中国质量，2000(2)：30-32.

[18] 丁俊武，韩玉启，郑称德. 创新问题解决理论——TRIZ 研究综述[J]. 科学学与科学技术管理，2004(11)：58.

[19] 创新方法研究会. 公开资料《因果分析》，2010：3.

[20] 卢希美，张付英，张青青，等. 基于 TRIZ 理论和功能分析的产品创新设计[J]. 机械设计与制造，2010(12)：255-257.

[21] 韩博. 现代 TRIZ 理论中因果链分析应用研究[J]. 科技创新与品牌，2016(3)：47-48.

[22] 韩博. TRIZ 理论中资源分析的应用研究. 科技创新与品牌，2015(7)：73-74.

［23］赵敏，史晓凌，段海波．TRIZ 入门及实践［M］．北京：科学出版社，2009

［24］牛占文，徐燕申，林岳，等．发明创造的科学方法论——TRIZ［J］．中国机械工程，1999(10)：84-89.

［25］张震，李宇斌，贾英姿．关于辽宁先进装备制造业发展的思考［J］．智慧中国，2019，10(39)：22-24.

［26］贾英姿，张震，李宇斌．关于加强辽宁省知识产权工作的思考［J］．辽宁经济，2019，4(435)：9-11.

［27］李宇斌，等．大力普及创新方法，突破先进装备制造技术瓶颈［J］．辽宁经济，2020，7(436)：8-9.

后　　记

本书是作者从事知识产权工作后，结合当前所从事先进装备制造业基地建设，就有关知识产权班子建设、知识产权业务工作开展，以及如何发挥知识产权在全省经济社会发展，特别是支撑和引领创新驱动发展，推进具有竞争力的先进装备制造业发展过程中的引领作用而进行的思考。目的是进一步提升自己的理论思维和系统思维能力，充分发挥知识产权独特优势，特别是有关知识产权信息大数据系统优势，推进知识产权创造、保护、运用工作深入开展，不断提升全社会的知识产权意识，对未来知识产权改革发展也提出个人不成熟的思考，仅供读者参考。参加本书编写的还有辽宁省知识产权信息中心主任石丽华、辽宁省知识产权维权援助中心科长王沅等，主要参与了本书有关知识产权信息利用、导航等章节，国家知识产权局专利局沈阳代办处处长孟宪刚、科长杨晨曦等在有关知识产权信息、专利申请、转让备案、收费等章节，辽宁省知识产权研究所朱绍清等在专利信息利用、专利导航及相关案例等章节中，沈阳赛宝科技服务有限公司李英博、程惠蕾等在有关计算机软件登记、著作权法、专利导航与知识产权信息应用等章节都做了具体的编著工作和校对。书中很多观点是作者根据自身工作经历思考而发，有些观点并非完全正确，请读者鉴别选择。

最后，感谢北京理工大学出版社编辑对全书进行最后的校对、编排。

2020 年 5 月